墨香财经学术文库

"十二五"辽宁省重点图书出版规划项目

国家自然科学基金面上项目（71872032）研究成果

U0656715

Entrepreneurial Passion

of Trans-generational Family
Entrepreneurs and Opportunity Development

家族跨代企业家创业激情
与机会开发

陈文婷 ◎ 著

东北财经大学出版社

Dongbei University of Finance & Economics Press

大连

图书在版编目（CIP）数据

家族跨代企业家创业激情与机会开发 / 陈文婷著. —大连：东北财经大学出版社，2020.6
（墨香财经学术文库）
ISBN 978-7-5654-3717-5

Ⅰ．家… Ⅱ．陈… Ⅲ．家族-私营企业-企业管理-创业-研究-中国 Ⅳ．F279.245

中国版本图书馆 CIP 数据核字（2019）第 296047 号

东北财经大学出版社出版发行

大连市黑石礁尖山街 217 号　邮政编码　116025
网　　址：http：//www.dufep.cn
读者信箱：dufep @ dufe.edu.cn
大连图腾彩色印刷有限公司印刷

幅面尺寸：170mm×240mm　字数：161千字　印张：11.5　插页：1
2020年6月第1版　　　　　　　　　　2020年6月第1次印刷
责任编辑：石真珍　李智慧　周　慧　责任校对：贺　力
封面设计：冀贵收　　　　　　　　　版式设计：钟福建
定价：45.00元

"东北财经大学'双一流'建设项目
高水平学术专著出版资助计划"资助出版

前言

　　创业为什么常常成瘾？到底是什么动机在推动创业者不断地参与创业活动呢？当我们聆听创业者的故事时，往往会发现执着和激情是他们呈现出的重要标签。经验观察可以发现，即使是经济回报很低的创业活动也不会令创业者轻易放弃、退出。一些创业者在创业的过程中自始至终饱含着对创业的激情，面临失败也能越挫越勇，另一些则不然。这些现象说明，创业活动并不只是精打细算地追求经济目标这一简单的经济决策过程，而是深刻地包含着创业者的心理体验和心理活动。

　　从 2007 年起，我赴中山大学攻读博士学位，就在导师李新春教授的指导下，开始关注中国家族企业中的"创二代"群体。第一代家族企业家以其英雄般的创业气魄和开拓精神赢得了市场的认可，而社会各界却开始担忧这些优秀企业在传承到下一代后，到底会走向何方。从世界各国的发展经验看，家族企业的跨代持续成长与创业精神的延续是其保持创新活力、实现长远发展的关键。成功的跨代创业正是家族企业在传承中不断革新、获取竞争优势的重要手段。与非家族企业家相比，家族企业中的跨代创业者受到更多样的资源基础、创业经验和企业家精神传承的影响。这些因素可能会对其创业激情产生促动或阻碍的作用。作为家族企业的准继承人，这些跨代企业家不可能不受到家族创业经历的影响。例如，从来没有尝试过成功或失败的"创业新手"和那些有家族创业或管理经验的"老手"们相比，他们对于创业的情绪感知不会完全一致。这体现了过往的经验积累对创业情绪一定的塑造作用。也就是说，从情绪到行为的关联影响可能是双向的。这意味着，在具体的创业行动中形成的情绪感知可能会对创业者的归因和对未来的创业评估产生影响，即情绪反应具有一定的习得性。以往对于家族跨代创业者鲜有研究，对于家族跨代创业者创业激情的生成与家族企业创业式成长的剖析更是十分欠缺。创业激情研究在近十年来逐步形成热潮，然而，对于不同类型创业者创业激情的形成却缺少分析论证。因此，本书的主要理论意义在于通过家族创业经验对后代（跨代企业家）的创业激情的作用机制来剖析既往经验对创业者情绪生成及后续活动的影响。本书无论是对创业激情的研究还是家族跨代创业的研究均有十分重要的前沿推动意义。

首先，本书希望揭示家族企业家的创业活动"思维—感受—行动"的过程，探寻企业家"非理性"情绪与"理性"行为之间的转换。2007—2014 年，我在研究家族跨代企业家的创业学习问题时发现，家族企业后代的不同学习方式对家族企业跨代知识获取与创业绩效有不同的影响。家族企业后代在企业发展中不只是一个经理人的角色，而是要成为更具创新性的创业者角色。并且，他们会根据外部制度、家族及企业内部制度环境的改变而相机地选择认知与行为方式，呈现出差异化的学习路径。在研究过程中，我们发现，家族跨代创业者的学习包含了个体认知与社会认识不断融合的过程，而以往对于创业者思维和感受的研究，将情绪与机会开发的关系看成是必然的，并仅从个体认知的角度进行解释，鲜有文献关注其情绪活动的社会嵌入性问题。从社会认知的角度看，认知、行为与环境的互动意味着在创业的不确定性情境中，创业者不仅要依靠个体知觉进行自我调整，也要通过更广泛的观察、模仿、调整试错等学习过程来形成更好的行为决策依据。

其次，创业激情既是一种可能的积极情绪体验，但更重要的是，它也赋予了创业者"成为什么样的企业家"的一种身份认同与角色认知。本书剖析创业活动中创业者心理机制的多重作用，从相对较新的视角深化对当前创业行为的理解，并为现实的创业活动提供有效的情感干预和智能构建机制。因此，本书希望从微观的家族跨代创业者心理层面对创业活动效能进行解析，并力图将行为科学、心理科学引入到创业机会开发的实证研究中。本书的实证部分检验了家族创业经验对创业激情生成的影响，并进一步考察了在不同反事实思维下，创业激情对不同类型创业机会开发的差异化影响。这些结论为深化对创业机会开发及家族企业成长的理解提供了初步的探索，也尝试更加深入地解析创业活动的规律和结果。本书希望以此来深化目前家族创业研究的层次和内容。当然，本书在这方面的研究也仅仅是一次努力的尝试，欢迎同仁们批评指正！

本书的研究得到了国家自然科学基金面上项目（71872032）的支持，同时，本书的出版得到了东北财经大学"双一流"建设项目高水平学术专著出版资助计划的资助，在此深表谢意！感谢东北财经大学出版社的各位编辑对本书所付出的辛勤工作。愿本书能为中国家族企业的持续创业成长贡献绵薄之力。

陈文婷

2020 年 1 月

▌目录

1 家族企业跨代创业与创业精神的传承

1.1 家族企业跨代创业的现状

放眼全球，家族企业在各国经济与社会发展中都占据着重要的位置。美国学者克林·盖尔西克曾言：就算最保守的估计，全世界企业中 65%~80% 是由家族直接或间接所有或经营的；即使是全球 500 强企业中，也有 40% 是家族控制的企业。与此相印证的是《财富》杂志的统计结果：全球 500 家大型企业中有 175 家为家族企业，而在美国有 42% 的大型上市公司由家族控制。在中国，家族企业数量更为庞大。根据中华人民共和国中央人民政府网发布的报告——《党的十八大以来全国企业发展分析》，截至 2017 年 9 月，中国私营企业 2 607.29 万户；全国工商联家族企业调查抽样显示，我国家族企业占私营企业的比例约为 85.4%。按此粗略估算，我国家族企业超过 2 000 万户。

1.1.1 中国家族企业的成长现状与困境

作为我国民营经济的重要组成部分，家族企业在国际化、产业升级、创新发展方面越来越多地表现出其竞争力。习近平总书记概括民营经济具有"五六七八九"的特征：贡献了50%以上的税收，60%以上的国内生产总值，70%以上的技术创新成果，80%以上的城镇劳动就业，90%以上的企业数量。①这一概括，高度肯定了民营经济在中国改革、开放、发展中的历史贡献与现实地位。在新时代改革开放新征程中，民营经济不仅不会离场，还要走向更加广阔的舞台。可以肯定，民营企业不会缺席中国的高质量发展。《中华人民共和国2017年国民经济和社会发展统计公报》显示：全年规模以上私营企业实现利润23 753亿元，增长11.7%。2019年1月14日，国务院新闻办公室举行新闻发布会，海关总署发布的进出口情况报告指出：2018年，我国民营企业进出口12.1万亿元，增长12.9%，占我国进出口总值的39.7%，比2017年提升1.1个百分点，保持第一大出口主体地位。2018年，我国民营企业对外贸进出口增长的贡献度超过50%，成为我国外贸发展的一大亮点。毫无疑问，以家族企业为代表的民营经济是中国经济持续发展的重要力量，未来也将继续发挥其独特的作用和价值。

然而，家族企业在其成长过程之中，也面临着诸多发展困境。例如，中国的家族企业在经历了第一代带领的迅速发展之后，作为一种具有传承意愿的企业组织形态，在近十年已进入代际传承的高峰时期。然而，"富不过三代"的魔咒却一直缠磨着家族企业，许多人将其归因为家族企业后代在衣食无忧的环境下创业精神的缺失，以及在企业成长发展过程中，上一代与下一代的观念差异等。中国40多年改革开放的历程造就了一批具有开拓意识和创业精神的企业家。鲁冠球、茅理翔、梁庆德、宗庆后、张瑞敏、柳传志、杨国强、尹明善……这些耳熟能详的名字，除了代表一个个业绩斐然的优秀公司，更是代表着中国在向市场经济逐步迈进过程中，中国民族工业的兴盛和企业家能力的迅速提升。

---

① 习近平. 在民营企业座谈会上的讲话 [EB/OL]. [2018-11-01]. http://www.xinhuanet.com/politics/2018-11/01/c1123649488.htm.

在这一批创业者身上，多少有些英雄的色彩：从一个白手起家的无名之辈发展成为引领一个行业成长的创业英雄。

40多年过去了，五六十岁的"婴儿潮一代"逐渐变老，接近退休，二三十岁的"Y一代"开始登场，崭露头角。在2018年胡润80后财富继承榜单中，个人财富超过50亿元的家族接班人达到17位，平均财富273亿元，比2017年多32亿元。碧桂园的杨惠妍和太平洋建设的严昊作为榜单中前两名的"富二代"，其家族企业均已上榜世界500强企业，成为家族企业传承的代表性人物。可以说，目前已经到达中国民间财富从第一代创业者转向第二代的高峰期。但是，代际之间动机因素、沟通与工作风格、思考模式，以及需求上的固有差异，在全世界范围内都是普遍存在的。"富二代"们有自己的阴影、魔咒、悲哀和存活率，但就一个家族企业的发展史来说，他们也是绝对关键的一代。在第一代企业家的眼里，这些"富二代"更多的是靠继承财富而上位的一代，而在创业精神、创业能力上有所不足。

根据西方学者的研究，在一个以多代家族成员涉入为特色的家族企业中，成员的生命周期对企业发展的影响呈现出这样的轨迹：对于那些英雄般的创业者而言，依靠敏锐的市场触角和优秀的人际互动能力，他们具备了明显的创业和创新精神。一旦认识到环境中潜在的有利机会，他们就会迅速地抓住机会进行开发，建立新企业。通过自身丰富的实践经历和经验，成为市场竞争的成功者。然而，在经历了从创业到成功的漫长时间后，许多创业者开始趋向于保守地对待创业投资，尽管他们具有创新的想法，但一段时间过后，他们常常会失去创业和创新的动力。其原因在于其个人的生命周期和职业生涯开始迈入"谢幕"阶段，创业者开始考虑如何为其后代留续一份持久的财富，因此面临高风险或有可能创业失败的情境，他们会变得保守谨慎，小心地做出决策。随着创业的成功，创业者们越来越关心成功继任（家族延续）而非创新，在这个个人发展的生命周期阶段内，企业内创业的整体主动性降低了。但是，一旦企业的接力棒传递到下一代的手中，他们的创业精神可以被传递或附载于下一代的身上，创业者们期待家族创业的优势可以在"富二代"身上得以发扬光大。尽管二代的创业理念、经营理念、管理理念与其父辈多多少少会有不同，但一旦他们进入了企业，会更加关注于维持并加强事业的成功和延续，他们会积极地寻求创业机会，采取创业行动来为新一代的家族成员创造工作机会与财富，以证明自己的能力。多代家族成员涉入的企业更容易受到创新的驱动以进行公司创业的观点得到了众多西方学者的支持。

但是，中国的"富二代"是多元化和不确定的一代。正如司各特·菲茨杰拉德在其杰作《富家公子》的开头所写的："如果从一个个体入手，你会发现你不知不觉之中已经创造了一个类型；如果从一个类型入手，你会发现，你什么也创造不出来……这些富裕得非同一般的人，与我们有很大的不同。他们从小就拥有和享受，这在某种程度上塑造了他们的性格：在我们坚韧的地方他们软弱，在我们深信不疑的地方他们玩世不恭——以一种不是生来就富有的人们难以理解的方式。"[1]这些家族企业二代们普遍为20世纪70年代或80年代生人，成长于改革开放后的经济快速发展时期，往往具有良好的生活基础，不用为物质条件去打拼；具有比其父辈高得多的教育水平和更好的教育背景；创业的基础好，父辈的财富为其跨代开展创业提供了他人难以企及的资源基础。有企业家戏言，与国外的"富二代"不同，中国的富二代是"穷人在教育富人"，即第一代是白手起家摆脱贫穷，但仍然没有摆脱"穷人思维"，第二代天生优越但"精神贫穷"。这样的顾虑并非没有原因，两代人之间的诸多差异使得企业的跨代际发展出现重重阻碍。

（1）个性差异。创业之路的坎坷造就了第一代创业者吃苦耐劳、坚定果敢、敢为天下先的性格。家族企业家的二代们个性张扬、不愿妥协、创新意识强烈。尽管时代背景的差异未使他们经历像父辈那般的坎坷磨砺和考验，但良好的教育和早早涉入家族企业中，使他们也能冷静地看到自己相对于父辈和同龄人所具有的独特优势。

（2）知识背景与经营理念的差异。韩志方和杨溢在2009年5月30日发表于《人民日报》（海外版）的评论《海归"富二代"渐露头角》中指出，第一代企业家们文化程度普遍偏低，甚至许多亿万富豪只有小

---

① FITZGERALD F S. All the sad young men［M］. Cambridge：Cambridge University Press，2007.

学程度，而"富二代"通常受过良好的教育，50%以上具有海外留学的经历。"富二代"们在进入企业后，展现出的更多的是一种知识型经营者的形象。与他们的父辈相比，他们身上少了许多"草莽气息"，他们追求通过自己的多样化学习知识，在企业经营中实现理念的现代化。众多具有"留洋"经历的"富二代"，在进入企业后俨然成为"现代化管理思想与理念"的推动者与实践者。

（3）经济基础与创业精神的差异。早期企业家普遍在经济欠发达的条件下开展创业，生存型创业与机会型创业并存，从受市场机会的驱动发展为战略创业导向的企业家（李新春等，2008）。而"富二代"们"过分好"的经济条件极易引发物质至上思想，在优越的生活环境中形成较高的消费能力，因此，成长于安逸环境中的"富二代"，普遍缺乏像父辈那般应对危机及面对压力的心理反应机制。较之于他们的父辈，更需要培养其应对自我、处理社会关系及团队管理能力。

（4）职业路径的差异。生于20世纪70年代的一批"富二代"们已经完成民营企业的接班或正在逐步明晰其接班人的位置，如万向的鲁伟鼎、方太的茅忠群、红豆的周海江、碧桂园的杨惠妍等，但更多80后"富二代"还充满不确定性。他们普遍不愿意接班，而更愿意去自己创业，这与他们的家庭背景和资源条件有着极大的关系。更多见的情况是，"富二代"们的思想与父辈的冲突之深，使其更愿意"另立门户"，而不是"继承家业"。即使成功接任了企业的"富二代"们，也不可避免地面临产业转型、管理模式转型以及经营理念转型的难题。

在不同的生命周期阶段中，第一代创业者与"富二代"们的对接并非总是不成功的，"富二代"们如何在未来的路径中获得长足的发展，需要第一代创业者们与"富二代"的共同努力：家族企业的传承和持续发展是一个动态发展的复杂过程，家族成员所处生命周期阶段的不同必然会导致其兴趣、动机、需求等方面的差异。通过规则确立、能力培养、关系构建与传递等来为"富二代"创造接班或创业的资源基础，是第一代创业者们在发展家族企业中"企业"系统业务之外，所要为"家族"系统延续贡献的力量。而通过学习和经验的积累，去建立对家族、对企业的承诺，去拓展企业家能力，并从父辈身上延续他们的资源和资本，将创新的信息与思想带入到企业中去，是"富二代"们还需继续努力的。中国第一代民营企业家的创业之路，往往既受制于时代又受益于时代，他们的创业轨迹带有时代的烙印而难以复制。伴随市场开放、制度转型、全球共同参与竞争的步伐，"富二代"们的未来将与中国的现代化进程休戚相关。一些成功的"富二代"已经为我们展开了未来发展的蓝图：万向总经理鲁伟鼎、方太总裁茅忠群等在接任家族企业后，辅佐父辈将企业业务推向新高峰；而格兰仕的梁昭贤则走了一条从"微波炉之王"到"空调之王"的道路。无论何种途径，众多"富二代"已展现出与其父辈不相上下，甚至优异于其父辈的创业精神与能力。从这个角度来讲，无论是继承家业，还是自我创新，中国企业家的"富二代"也许终会像其父辈那般，涌现出司各特·菲茨杰拉德笔下那"了不起的盖茨比"般的人物。

1.1.2　家族企业的创业式成长

正是家族企业在跨代传承的过程中，具有不断去创新的需求与动力，家族企业的成长就必然蕴含了跨代创业的过程与活动。与非家族企业相比，家族企业在传承动机的驱使下，不仅仅考虑对经济利益的追求，也会看重对非经济目标的追求。Gomez-Mejia 等（2007、2011）认为，对于家族企业的研究长期集中于从经济学的视角来进行分析。追求利润是包括家族企业在内的所有企业共同的目标和特征，但是在家族企业的运营中，还存在维系和增强家族情感、巩固家族团结、提升家族的社会地位等非经济性目标。Gomez-Mejia 等将这一动机称为家族企业对"社会情感财富"的追求。社会情感财富是家族企业治理活动和战略决策的重要参考依据。社会情感财富是家族凭借其所有者、决策者和管理者的身份，从家族企业获得的非经济利益收入，具体包括行使权力的能力（the ability to exercise authority），对于归属感、亲情和影响力的需要，家族企业成员在企业内部长久保持家族价值观，维系家族控制，保全家族社会资本，履行基于血缘关系的家族义务，以利他主义来对待其他家族成员等。保护社会情感财富与家族对企业的控制密切相关，一旦失去家族对企业的控制，就会波及家族社会情感财富，如家族成员之间亲情淡化、家族地位下降、家族期望无法得到满足等。家族成员会认为失去社会情感代表着亲情、社会地位等的损失，因此，保护家族的社会情感财富就成了家族控制企业的重要目的之一。

在经济利益和社会情感财富的双重驱动下，家族企业既有极强的代际传承的需要，也有在代际传承中获取持续的经济收益的需要。这意味着，如果没有持续创新或创业精神的支持，代际传承间的财富耗散将很快将家族企业的发展拖入停滞不前的状态，甚至会导致企业的分崩离析或被市场淘汰。因此，创业精神的传承对于家族企业十分重要。然而，与社会资本的传承或家族财富的传承不同，创业精神的传承十分困难。现实中可以看到，"富不过三代"的家族企业比比皆是。例如，2003年，山西海鑫集团48岁的一代掌门人李海仓遇害身亡，留下了多达数十亿元资产的家族企业。其22岁的儿子李兆会不得不中断学业，仓促接班，成为家族第二代掌门人。然而，各种公开报道显示，接班后，李兆会把父亲的左膀右臂调离权力中心，排挤出局，包括他的叔叔。独揽大权后，年轻气盛的李兆会对父亲的实业并不感兴趣，也不愿意待在山西闻喜县老家。李兆会抽出海鑫钢铁的利润，四处出击，不断地在资本市场上进行套利。这期间，李兆会为举办婚礼豪掷千万，后又离婚，本人在2017年成了法院执行对象的"老赖"，海鑫集团也随之破产。另外一些家族企业，虽没有落得"家破人亡"的境地，但兄弟阋墙、反目成仇的例子比比皆是。例如，作为香港地产界的巨无霸，新鸿基地产由郭得胜创办，并在"富二代"郭氏三兄弟继承后发扬光大，被视为当地子承父业最成功的家族企业之一。然而，兄弟三人在公司发展方向上的分歧，以及家庭内部其他方面矛盾的激化，依然不可避免地造成了兄弟决裂的结局。

美国布鲁克林家族企业研究学院的研究表明，约有70%的家族企业未能传到下一代，有88%未能传到第三代，只有3%在第四代及以后还在经营。也就是说，在美国，只有30%左右的家族企业能够传给第二代。如果这个数据适合中国的家族企业，会发生什么呢？有数据显示，未来5~10年，中国将有大概300万家家族企业面临传承。换句话说，未来5~10年，中国将会有210万家家族企业消失于传承之中。吴炯和颜丝琪（2016）通过扎根研究发现，中国家族企业的创业传承可以分为接班式创业、去所有权创业、去家族化创业和去经营权创业四种。无论是哪一种方式，我们都不难看到，家族企业的创业式跨代传承已经成为一个重要的趋势和接班选择。

从学术研究的角度看，家族企业的跨代涉入可以从家族成员的所有权涉入与管理权涉入等角度来进行。如 Klei 等（2002）认为，家族涉入包含权力涉入、经验涉入和文化涉入。Anderson（2003）将家族涉入划分为所有权涉入、管理权涉入和传承涉入。Zahra（2003）认为，家族涉入指的是家族管理权涉入，具体包括"企业创始人担任 CEO 或者董事会主席"、"董事会中家族董事比例"、"在企业工作中的家族代际数"和"企业战略规划过程中的家族涉入度"等几个方面。然而，无论是何种方式，我们都可以看到，学者们更加关注的是家族企业跨代传承中的权力和资产的转移。可能受到操作性测量等的方法局限，对于创业精神的传承的研究非常鲜见。

1.2 家族企业中的跨代创业者与企业家

1.2.1 家族情境中的创业传承

家族涉入与企业成长从来就不是分开的，家族成员在涉入企业经营时，家族成员可能会表现出无私的利他主义和自私的市场理性。一方面，家族成员相互支持、相互帮助；另一方面，他们也对市场表现（如盈利能力）有所关注和期望。这使得家族成员在经营家族企业时存在双重理性（Steier，2003），而这种双重理性使得家族企业的传承和跨代发展也具备自身的独特性。

1.研究趋势分析

从图 1-1 可以看出，家族企业传承的研究近十几年来逐步稳定增多，形成了上升的研究趋势，这和近些年来家族企业的蓬勃发展紧密相关。从图 1-2 和图 1-3 可以看出，对于跨代创业研究，英文文献自 2009 年形成了较为稳定的研究趋势；中文文献自 2014 年也形成了较好的研究态势，但在研究数量和研究深度上和英文文献相比还有较大差距。

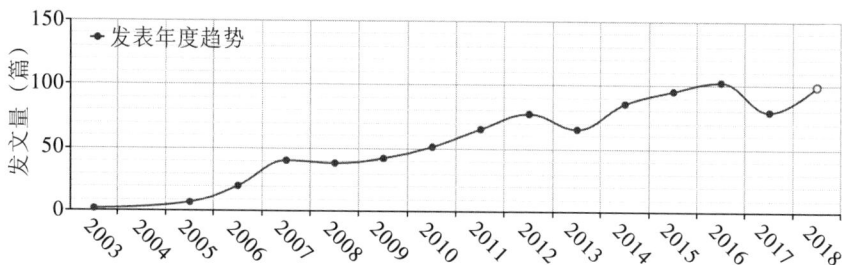

图1-1　家族企业传承中文研究趋势图

资料来源：作者根据中国知网检索数据绘制。

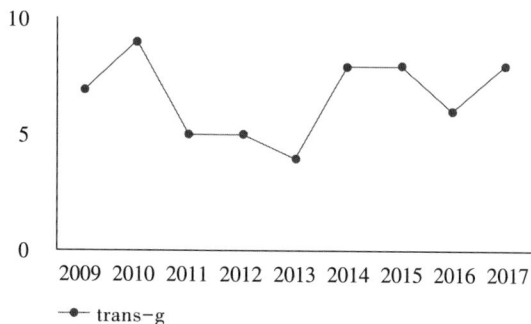

图1-2　家族企业跨代创业英文研究趋势图

资料来源：作者根据Web of Science检索数据绘制。

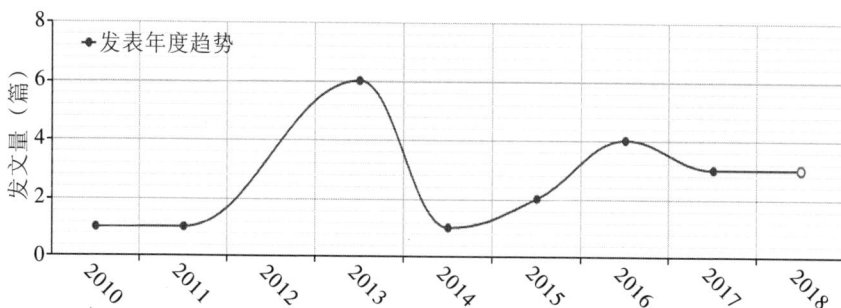

图1-3　家族企业跨代创业中文研究趋势图

资料来源：作者根据中国知网检索数据绘制。

2.家族企业传承的传统视角：对所有权和控制权转移的强调

中国的家文化源远流长，自古以来就不缺乏家族创业的根基。梁漱溟先生曾说："任何一处文化，都自具个性，惟个性之强度不等耳。中国文化的个性特强，以中国人的家之特见重要，正是中国文化特强的个性耳。"其《中国文化要义》中更是指出："中国的家族制度在其全部文化中所处地位之重要，及其根深蒂固，亦是世界闻名的。中国老话有'国之本在家'及'积家而成国'之说。"①在中国，虽然家族企业曾经一度消失，但是家族主义、泛家族主义却从来没有离开过中国，即使在计划经济体制最鼎盛的时期也是如此，只不过是以一种变相的或潜伏的形态存在（储小平，2000）。

家族企业作为一种具有跨代际持续发展愿望的企业形态，区分家族企业与一般企业的根本标准在于其向下一代传承的意图（Chua、Chrisman 和 Sharma，1999）。在家族创业的研究领域中，最重要的一个问题就是：家族如何在世代发展过程中保持不断创新的活力，从而使得家族创业呈现出持续性和长久性，进而通过持续不断的跨代创业来实现家族和企业的延续。因此，对于家族企业而言，创业与传承从来就不是分开的。在许多企业家的事业传递中，常常存在这样一个问题：如果按照继承意图来定义或界定家族企业，那么家族企业的创始一代往往具有较强烈的家族内继任的意愿，他们的财富和职位也可能较为顺利地传给子女或后继者，但其子女能否将其企业家精神发扬光大，继续维持家族企业的竞争优势，仍是不确定的。在现实中，我们不乏看到众多家族企业的二代企业家在接任了企业后没落的例子；或是家族企业后代不愿意接任家族企业，而是自行创业或选择他雇。在这种矛盾意图的背后，实际上反映的是家族企业传承中资源匹配的问题。家族企业的特殊性在于企业内的家族涉入提供了其他类型企业所不能提供的独特竞争资源和优势，即家族企业特有的"家族性"（familiness）因素（Habbershon、Williams 和 MacMillan，2003）。

事实上，家族企业后代能不能在领导者的职位上坐稳、坐久，不仅取决于他们的能力，而且在很大程度上取决于上一代是否能够很好地将自己的社会资本和经验等更深层次的东西传给他们，这也就是资源观所强调的资源或能力等能给企业带来竞争优势的要素。而这部分特有资源

---

① 梁漱溟. 中国文化要义 [M]. 上海：上海人民出版社，2005：15.

的传递，从本质上来讲，正是为了使得家族下一代能够保持或发扬家族及企业内以往的创业精神，并进一步发展。从理论上看，尽管有关家族企业传承的文献非常之多，但都是集中于企业现有的控制权和领导权是如何在代际间进行转移的，很少关注企业提升其竞争力所必须加强的自身创新创业能力。也就是说，企业需要具有获取内部、外部优势资源，并将其转化为自身价值的能力（Ganzaroli、Fiscato和Pilotti，2006），但企业传承是如何作用于这些能力构建的，还没有得到关注。因此，无论是理论上还是实际中，家族企业传承中重要的深层次因素还需要进一步被发掘。本书从家族企业内所有权和控制权之外的隐性资源传承视角出发，探析家族企业传承的创业属性，并提出家族企业传承和跨代际创业的整合框架，对现有理论进行进一步的深化和解析。

家族企业传承的传统视角强调对企业现有资源的所有权和控制权的转移，近些年来的研究延伸到了对剩余控制权等权力的迁移（吴炯，2016）。Brockhaus（2004）在家族企业传承的研究中，系统深入地分析了现有家族企业传承的研究重点和未来方向。传统家族企业传承的研究可分为五大类，分别独立于传承和家族企业的发展两个研究领域中，或者说分别属于企业战略和家族发展研究两个范畴。在战略领域，家族企业传承主要集中于家族企业的存续发展以及家族企业治理结构适应性的研究范畴。而在家族企业研究领域，传承则被视为一项企业战略。正如 Ward（1987）所指出的，家族企业就是一个从一代到另一代不断传递的商业（企业）形式与过程。从这个角度出发，家族企业的传承是企业战略规划中最重要的一部分。同样，在这类研究中，强调正式的、物质的、财产的等一些可见的资源对于传承战略和结果的重要影响，如杠杆性的收购和员工持股计划等行为都被证实是有利于家族企业长期的积极的发展的。在传统视角的研究中，家族企业传承的关键在于解决接班人的选择标准、接班人的培训以及企业创立者和接班人的关系等三个方面的问题。

就继承者的选择标准而言，已有研究表明，接班人选择的客观过程是其传承成功的关键。文化模式（如年龄、性别和长幼顺序）不再是家族选择接班人的重要依据，取而代之的则是工作经验、技能以及对企业的承诺。在这样的情况下，继承人在企业、家族（家庭）中的地位以及家族内部的信任感被认为是传承能否成功的重要标准（吕鸿江等，2015；刘娇等，2017；王颖，2017）。

就继承者的培训而言，学者们认同家族内部的传承是一个长时间的过程，传承可能在很早的时候就发生了（往往在继承者还年幼的时候就开始了）。实现传承有两种方式：一是继承者进入企业后开展全职工作，作为企业的一分子参与到经营中来（Auken，2008）；二是在企业需要的时候直接继承上一代的领导权，而不经过前期的系列培养过程。同时，学者们也指出，企业外的管理经验对于继承者非常重要，它可以促使继承者在一个完全不同的环境中认识和开发自己的管理方式和潜能，并获取大量有益的经验（Lee、Lim和Lim，2003；Ozgen、Baron，2007）。在这类研究中，强调把继承者培养视为创业者的一种经历和能力是家族企业跨代际传承的重要成功因素。

就继承者和企业创立者的关系而言，学者们认为，二者存在一种复杂的战略性关系。这种关系直接影响到家族企业传承的时间、过程和效果。Churchill和Hatten（2010）指出，在传承的不同阶段，继承者和企业创立者的关系是一种动态变化发展状态。研究表明，在传承中，上一代的领导人往往不愿意放开权力，"从权力中跳脱"并不是一件容易的事情。二代继承人往往因为权威合法性不足也面临着"少主难以服众"的尴尬局面（李新春等，2015）。当然，这背后有很多原因，如对企业未来状况的担忧、自我的需要、对自己在企业和家族中可能的地位损失的忧虑以及对继承者能力与技能的不信任等。中国家族企业要成功实现代际传承，必须在家族换代中认真思考权威转换、企业文化重新营造和企业分家等问题（陈凌、应丽芬，2003）。在这类研究中，不乏对这些问题的解决方式的探索，最终形成了多样的研究结论。

3.家族企业传承的新视角：创业传承

尽管早期文献中所提出的所有权和控制权的转移非常重要，但是，家族参与企业的经营管理并不仅仅是通过掌握股权等来实现的。家族企业的发展历史提示我们，并非成功地转移了所有权和控制权的家族企业都能够持久生存。其原因在于，如果家族企业后代仅仅是一个被动的家族生意的所有者或经理人，而不能够将上一代的创业精神传承或发扬下来，那么，家族企业就难以具有创新的活力，难以在激烈的竞争中存活下来。家族企业的基本模式——双系统模式说明，家族企业实际上是由家庭和企业两个重叠的系统构成的。这两个系统各有自己的行为标准、成员身份标准、价值结构和组织结构。在家族企业情境下，家族凝聚力、非经济目标的重要性、两代人价值观的一致性等家族特征显著影响了组织创造力、企业业绩、接班人选择、传承过程、战略变革和企业成长（杨学儒等，2017；Randerson 等，2015）。Lambrecht（2005）指出，家族企业的传承贯穿于企业生命周期全过程，一些"软性要素"（如创业精神、自由、价值观、企业外经验、抚养和教育等）的传递在家族企业传承中占有相当重要的地位和作用，而每一种要素的传承会在不同阶段表现出差异。换言之，表层看来稳固成功的所有权和控制权的传承需要深层的隐性要素的传承来支持。一些家族企业依靠创始人强势的创新精神和极具特色的个人魅力成长起来，往往会使家族企业陷入"创始人的阴影"中，当权力的交接棒向下传递的时候，后代们在这些英雄式的创业者的羽翼下却难以获得社会的认可和快速成长的机会。在这其中，不能忽视的一个重要问题就是：家族如何在世代发展过程中保持不断创新的活力，从而使得家族创业呈现出持续性和长久性，并通过持续的跨代创业来实现家族和企业的延续。

家族传承的创业属性可以从其发展目标来追溯。尽管现有的文献表明家族企业在发展过程中较多地面临资本和管理能力缺乏的困境，但家族企业由于其家族成员在经营中的关键作用而不同于其他类型的组织（Chua等，1999）。家族企业往往将企业与家族的传递作为凌驾于企业经济利益之上的主要目标。因此，家族的传承对于家族企业的发展十分重要（Lansberg，1999）。家族涉入企业经营使得家族企业的继承呈现出创业的属性。如家族企业往往是在继承者不能或不愿经营企业时，通过 MBO/MBI 生存下来的。当然，继承人也可以通过把家族企业分成两个或多个独立的企业来摆脱其负担与义务。同时，家族企业对长期投资更有力的承诺、对产品与服务质量更多的关注、对雇员与经理人员的培训以及对管理研究更大的投资也会对家族企业的继承产生积极的影响。在此情况下，家族企业的继承呈现出三种形式：一是转移继承，即企业形式的延续；二是演进继承，涉及所有权和控制权的根本改变，从而形成一个更复杂的家族企业系统；三是退化继承，形成一个更简单的家族企业（Lansberg，1999）。Ucbasaran 等（2001）研究指出，这其实反映了家族企业继承中的创业属性问题。因此，对于家族企业而言，创业与代际传承从来就不是分开的（陈文婷，2011；Breton-Miller 等，2015）。对于家族企业的跨代发展而言，最重要的，是不断保持跨代创业精神的培育和传承，在"持续创业"的价值中得以脱颖而出（陈文婷等，2009）。

4. 资源观视角下家族跨代创业传承

正是上述变化，导致越来越多的学者开始关注在所有权和控制权转移之外的、真正能够影响企业家精神传承的关键要素。一些学者开始在显性的权利和财富之外，关注家族以及家族企业独特性的缄默资源的传承，包括家族内的缄默知识、社会资本以及创业精神的传承（窦军生、贾生华，2008；窦军生等，2009）。

资源观的早期提出者 Barney（1991）认为，造成企业之间不同竞争优势的正是每个企业所特有的一些资源。Habbershon 和 Williams 等（2010）在进行家族企业的研究时，将家族企业中的独特资源称为"家族性"因素。随着研究的日益推进，一些学者开始认识到家族内部资源的独特性，并开始以崭新的视角重新审视家族企业传承问题，同时在已有研究基础上加入了有意思的解释。如 Miller 等（2003）从传承失败的视角进行研究发现，传承失败主要可归结为三种模式的影响：一是保守（conservative），即家族企业不愿意对过去的状态做出改变；二是突进（rebellious），即家族企业完全摒弃了过去的做法，在继承后转而投向全新的战略；三是摇摆（wavering），即家族企业过去战略和未来的发展方向不相协调，在其中犹豫不定。在此基础上，Sharma（2004）的研究进一步指出，家族企业的代际传承事实上是一个隐性知识的传递过程，而传承的成功与否很大程度取决于这部分资源能否得以被传递。同时，Sharma 还指出，近期的研究已经越来越关注这种传承和企业创新与知识创造的关系等。在强调资源和家族企业竞争优势的视角下，研究的重点在于家族企业传承同传承后行为与观念的关系，如传承后企业的创新能力、知识吸收与创造能力、继承者的变革倾向和创业倾向等（Ganzaroli 等，2006）。也就是说，研究重点转变为哪些资源的传承会影响到传承后的哪些关键活动。

从资源观的视角来考察家族企业的跨代发展，可以看到，家族的重要角色和作用为家族内部和家族系统外企业的各项活动提供了丰富且独具特色的"家族性"（familiness）资源、（Habbershon，2003；2005）。其中，最重要的一点就是为家族企业的持续跨代创业提供支持。因为对于家族跨代创业而言，一方面反映了家族内部隐性知识和资源的传递过程（Sharma，2004），另一方面却也需要家族外部（知识）资源的进入与融合。那么，就需要通过创业学习来探索后代创业者的知识吸收与创造能力、变革倾向、创业倾向、创业行为等（Ganzaroli 等，2006）。

我们可以从知识转移、社会资本传承、家族企业创新等过程来分析。

（1）知识转移的过程

Cabrera-Suarez 等（2001）的研究将传承视为在在职者和新进入者之间的知识转移过程。以往对于知识的划分——缄默的/显性的知识需要被引入到企业中家族内部的传承过程中来。缄默知识的传递需要企业建立特殊的组织机制以帮助将"企业运营的常识和情境"社会化，而这种隐性的传递可以形成家族企业竞争优势的一个重要来源——独特的"家族性因素"。因此，家族企业若要在跨代际间实现持续发展，需要发掘一系列有助于创造价值以及维持家族与企业特殊关系的组织常规。要实现这种传承，则需要克服 Szulanski（1996）提出的四个知识转移障碍（模糊性和不信任；知识源缺乏传递知识的动力；信息接收者动力的缺乏以及情境的因素，如组织的约束、信息传播者和接收者之间的低效率等）。这个模型很好地提供了一个在家族企业内探寻继承过程的效率的思路和方向。从这个角度我们可以认为，前任和继任者的动力、家族的团结和承诺、前任和继任者之间的关系效率等都是研究家族企业传承所应考虑的因素。因此，为了保证传承过程的知识传递的连贯与顺畅，企业或家族有必要对继承者进行培训。一方面，通过理论化的正式培训更好地明确组织知识转移的过程；另一方面，通过经验性的培训帮助继承者尽早地融入企业运营的情境中。

（2）社会资本传承的过程

除了对缄默知识的转移的关注之外，Steier（2001）还考察了与企业创新能力紧密相关的传承要素——社会资本。尽管社会资本的定义与界定、分类已经非常成熟，但其在传承中的应用研究还不多。

Steier 的研究可谓是开创性的。社会资本在两个方面对企业做出贡献：一是社会资本可以降低交易成本（Williamson，1975），从而促成并帮助开展合作；二是社会资本可以增强知识的移动性并帮助知识在企业与个人间分享，而这对于加强企业的创新能力尤为重要。对于家族企业而言，社会资本的传承具有更重要的战略意义。家族企业往往规模中小，依赖于和互补性的合作伙伴获取互补性的生产能力以及技术诀窍（know-how）。对于继承前的前任创业者而言，其社会资本存量往往是与其较长的任期紧密相关的，这使得在家族企业中第一代创业者（企业领导者）往往具有较好的社会资本积累（Lee等，2003）。那么，企业若要持续地发展，如何把这些社会资本有效地传承给下一代就非常重要了。

Steier（2001）提出了跨代之间传承社会资本的四种形式，这些形式在是否会有意识地对传承进行计划的程度上有所差别。前两种形式（无计划、突然的继承和仓促的继承）是在没有计划的情况下进行的，此时社会资本的传承仅仅是一种没有预期的事件所产生的结果。继承者会花费大量的时间用于理清、维持、作用于企业所嵌入的人际关系网络之中。在第三种形式——自然传承下，社会资本是在自然的状态下被浸入到传承过程中去的，前任不必刻意地花费大量的时间去转移社会资本，而继承者会通过时间以及经验性的参与逐步接近前任的社会资本。在第四种形式——有计划的传承中，社会资本是在谨慎的考虑后有意识地被传承。继承者会积极地开展学习，以便通过学习获得与企业相关的关系网络，继承者会将在社会关系网络上的时间投入视为一种投资，将自己积极地嵌入到企业的社会关系中去。进一步地，Steier 提出了继承者管理社会资本的七个过程，包括释义现有的网络结构、了解现有网络中关系的内容、划分网络的边界、获取合法性、确定自己在网络中的最佳角色、对网络关系有意识地进行管理、重构继任者新的网络与关系。

（3）家族企业创新的过程

该类研究关注每个家族企业所具备的不同的"家族性因素"在多大程度上可以提高企业的创新能力，而研究的一个基本前提是家族企业是跨代际发展的企业形式。一些学者试图从这个角度对基于家族的创新过程（family-based innovation）进行界定。Litz 和 Kleysen（2001）指出，基于家族的创新只能是家族企业跨代成员间自发互动的结果；缺少了不同代际的家族成员的涉入，基于家族的创新就不可能实现。当然，他们仍是把这种创新视为两个独立的具有创业精神的个体的结果，而不是一个创业者的家族集体努力的结果。通过一个案例研究，Litz 和 Kleysen（2001）对家族企业跨代际的创新所需要的条件进行了探索。这个案例（Brubecks jazz family）表明，跨代际间创新的关键在于继承者和被继承者之间权利与信任、控制与自由的动态平衡。在这个过程中，每一代人的角色都很重要。一方面，父母要给予孩子足够的自由去探索他们未来的发展之路，但同时，他们还要尽力激发孩子参与家族企业的热情，并适当地督促他们开发参与家族企业经营的能力。另一方面，孩子应有担负传承责任的意图与愿景，并为这种思想做好准备。当然，如果传承中任何一方只考虑自己的兴趣和职业，那么在传承中实现跨代际的创新就不会实现。此外，在家族（家庭）中共同享受学习和创造新知识的乐趣，也是一个有益的尝试和经验。

然而，要想实现这些要素在家族企业代际传承过程中的持续"供给"，首先必须对它们进行系统识别。按照资源观的观点，对真正影响家族企业发展的"家族性"因素做出界定与选择，同样也是影响家族企业代际传承的重要因素。尽管 Steier（2001）和 Cabrera-Suarez 等（2001）已经对此进行了探索，但总体上仍显不足。通过对企业家及其继承人等家族企业代际传承利益相关者进行深度访谈，并利用内容分析法对访谈内容进行系统的分析，或许是突破该难点的一个不错的思路。

5.资源观视角下继任者的创业家角色

从创业的角度来看，尽管家族创业较多地面临资本和管理能力缺乏的困境，但创业家族的成功继承可以促成家族在创业过程中的多代涉入，家族人力资源参与创业的一致性与连贯性使得在某些家族中创业精神得以传递，进而使家族创业过程拉长，维持长时间的家族创业优势。在仅有一代家族成员涉入的创业过程中，创业者往往具有明显的创新精神，一旦认识到环境中潜在的有利机会，他们就会迅速地抓住机会进行开发，建立新企业（Aldrich、Cliff，2003；Ma、Serrano-Bedia 和 Pérez-Pérez，2016）。但是随着家族企业的成长，许多创业家族开始趋向于保守地对待创业投资，尽管他们具有创新的想法，但一段时间过后，他们常常会失去创业的动力（Salvato，2004）。其原因在于，当家族得以成功地继承后，家族企业的创立者常想为其后代留有一份持久的遗产，因此面临高风险或有可能创业失败的情境，他们会变得保守谨慎，小心地做出决策，而不是像初始创业时期那样，能够通过灵活的决策抓住短暂的有利机会（Zahra、Hayton 和 Salvato，2004）。同时，第一代创业家族所有权与控制权高度集中的特点限制了家族成员之间创新观点的交流（Kellermanns 和 Eddleston，2006；Zahra 等，2004）。但是，家族和企业若要获得可持续成长，又要依赖于现有家族企业进入新市场或开发新业务的创新能力（Ward，1987；Jaskiewicz、Combs 和 Rau，2015）。这有赖于家族代际成员的持续创业活动的展开，即以后代为主体开展创业活动。一般来说，与第一代涉入的家族理念不同，后代成员更关注维持并加强事业的成功和延续。他们会积极地寻求创业机会，采取创业行动来为自己或新一代的家族成员创造工作机会与财富。当有多代涉入时，家族企业更容易受到创新的驱动以进行公司创业的观点也得到了许多学者的支持（Salvato，2004；Litz 和 Kleysen，2001）。因此，创业过程中不断地加入新的家族内部人力资本，可以为创业提供持续不断的创新动力，通过家族跨代涉入的人力资本优势形成家族创业的独特优势，进而促进现有家族企业的可持续成长和家族新业务的不断发展。

因此，有必要重新审视家族企业后代的角色。在资源观的视角下，家族后代作为继承者或准继承者，他们的企业家角色发生了改变。他们并不仅仅是一个经理人，而且还承担了一个创新者或创业者的角色。那么，家族和企业的延续应该加强了这些创业者或者说企业家创新创业的能力。我们可以用创业者/企业家的概念去剖析家族跨代发展为家族后代所赋予的新的机能和含义。从已有研究来看，对创业者的判定来自两个方面：一是创业者的感知。创业者有别于其他一般人的特点正在于其对市场机会的过人的感知能力（Shane 和 Venkataraman，2000）。他们利用这种机会重新组合资源，形成新的发展优势。因此，创业者的主要竞争能力来自信息或知识。二是创业战略的决策制定。一旦创业机会被发现，创业者需要考虑是否对其有所投入。他们的决定受到两方面因素的影响（Shane 和 Venkataraman，2000）：首先是对于机会价值的评估，其次是创业者的态度，也就是意图和态度决定了创业者行为的方式。而家族后代的态度和意图会较多地受到父母创业经历的影响。

从以上两点出发，家族传承为创业者赋予了新的机能和含义：

首先，家族所拥有的异质性信息为家族后代成为创业者或企业家提供了可能。家族的第一个功能是成为知识积累、分享、互动、传递的载体，而创业者正是从知识的异质性中获取利润，为了保持这种异质性，他们常常将知识保密。但在家族中，却正好相反。在具有跨代发展意图的家族中，企业家往往成为知识尤其是隐性知识的传播者、分享者，通过知识的共享他们希望可以提高下一任的创新创造能力。家族后代在获得了家族和企业内的缄默性知识后，其创业的成功性和可能性就会大大增加，这也是创业者从异质性信息中获得利润的根本。因此，从持续发展的角度来看，家族从已有知识的共享和新知识的创造中获得价值，而不是保密或将其据为己有。家族后代从知识传递者那里进行学习、获取信息，并转化为企业跨代发展的竞争优势。

其次，家族后代的第二个重要机能是要增强其持续不断的创新创业的能力。也就是说，每一任创业者都要具有创新的能力和意识。从本质上来讲，家族后代在获取信息的学习过程中，其强调的是以往创业者（即创始人一代）的社会资本、缄默知识以及创业精神能否在这一过程中得到传递和继承。而当家族从一个企业家到另一个企业家（而不是经理人或管理者）不断成长的时候，每一代创业者的机会识别、信息捕捉以及创新的能力就能够在跨代发展中得以体现，而不是在权威的传递中受到压制。因此，尽管家族每一任创业者以及他们所打造的企业的资源（尤其是独具价值的隐性资源，如缄默知识、社会资本等）都对家族财富的积累形成重要的影响。而对于家族后代来说，通过对有形及无形资源的传续，实现对家族创业精神的传承，是家族企业历久弥新的关键所在。因此，通过梳理我们可以得出这一结论：资源观视角下，家族企业跨代发展的关键因素是要增强家族代际成员创新创业的能力。

最后，家族企业存在着家族和企业两个相互交叉的系统的共同影响。Habborhson（2002、2003）等学者也指出，"家族性"因素是决定家族企业持续发展和代际财富创造的关键资源和重要影响因素，其中，部分学者区分出了家族文化的独特影响。在跨代创业的过程中，家族多代成员之间的关系质量与隐性文化影响将是决定跨代传承或创业成功的因素之一。Chirico 和 Salvato（2008）提出，父辈成员是否愿意对下一代家族成员放权、传授知识与诀窍、构建和谐的传承氛围是造成不同家族跨代知识传递效率和效果差异的重要原因。同时，家族内部的信任、冲突、权力距离等文化特性也会显著地影响代际间的行动能力。这种家族文化反映了家族个体层面所具有的价值观、信念与目标，根植于家族的历史与社会关系之中，对于家族创业导向形成影响。长时间的沉淀使得每个家族形成了其固定的难以改变的特色与模式，它决定了家族成员如何进行交流、解决问题、认知态度、相互的关系构建等一系列行为，从而对家族创业导向形成影响（Hall、Melin 和 Nordqyist，2001）。这说明，家族跨代创业受创业者个人的独特影响至深，一定程度印证了 Kellermanns 等（2006）的观点，即人格主义是分析家族创业的有用工具。Heck（2004）则进一步提出，家族文化不仅仅局限于知觉性的测量，还包括客观的测量指标如家族关系结构、关系类型以及功能性，这些都有助于解释家族对创业的影响程度。Salvato（2004）指出，创业家族团队构成和关系强度的差异是影响家族创业效率的因素之一。在家族企业中，家族成员所持观念的影响远远超出他们本身行政职位可能影响的范围。

因此，从以上分析中我们可以看出，家族企业传承与创业之间有着密不可分的关系。一方面，家族企业传承的创业属性使得家族内的跨代际创业成为可能；同时也成为家族企业对抗企业僵性、提升其在不确定性和竞争市场中灵活性的必然选择，对继任者也提出了创业的要求。另一方面，如果得以传承成功，家族内跨代际持续创业所带来的家族独特性资源的累积和传续，将成为家族企业实现成功传承、基业长青的基础。虽然部分学者认识到了且认同了家族企业传承中特殊性资源传承的重要性，但这种特殊性资源传承到底是通过何种机制来起作用，仍有待于进一步探讨。通过以上研究，我们发现这一机制恰恰就是家族企业跨代际创业。由于家族传承的创业属性，继任者在传承的时候更多地承担了跨代际创业者的角色，因而使得家族传承和企业持续成长之间，通过家族内的跨代际创业得到了连接和解析。

总的来说，我们认为传统观念下的控制权和所有权转移仍是家族企业代际传承重要的组成部分和目标。其目的是实现家族内领导权威的顺利转移，以实现有效率（如避免传承中的权威失落、控制权虚置和财富耗散等代理成本）的传承；而特异性资源的传承则是确保家族企业传承能够长期成功（如通过持续性的创业活动避免家族企业创新动力的丧失和创业精神的削弱）的关键所在。因此，传统的观点与该领域内的新兴观点并不是相悖的，而是相互交融且共同促进的。而在二者相互交融的区域，跨代际创业正是一个富有鲜明特色的活动。这个动力机制包括两个方面：

第一，所有权和控制权的传承与跨代际创业的基础保证。所有权和控制权传承的状况决定了家族企业后代在接任企业后，其控制权威、管理权威、领导力和治理能力的高低，这部分正是其在跨代际创业中代理成本的体现。当所有权和控制权不能被很好地传承，缺乏领导力和个体权威的继承者极易导致家族的分裂和财富的分割，那么，跨代际的创业活动就会面临一系列家族代理的阻碍。如后代创业者不能够得到家族内部人员的认可和支持，导致其跨代际创业缺乏家族内部的"合法性"和家族资源的支持。一旦缺乏了家族资源的支持，家族内的跨代际创业即不能体现其价值。而创业活动的断裂导致的最直接后果就是家族企业将失去其在市场上的灵活性、先动性和创新性，这也是为什么众多华人家族企业"富不过三代"的原因之一。

第二，家族社会资本等隐性特异资源的传承与跨代际创业的动力。从知识转移、社会资本传承和家族创新的三个视角来看，家族社会资本、缄默知识和创业精神的传承都是为了使家族企业在代际发展中延续创业一代的风险精神和高度的创业创新敏感性，以增强在企业家转换过程中企业对抗风险、抵御不确定性、持续创新的能力，进而获取家族企业在市场上的竞争优势。在前述的家族企业发展现实中，第一代企业家的继任意愿与后代继任者创业意图之间的冲突，实际上是可以通过隐性特异资源的传承来进行解释和分析的。Auken 等（2008）的研究表明，家族企业后代越早涉入企业，其上一代创业者越早通过正式或非正式的手段对家族企业进行治理，上一代的"榜样"作用就越明显，家族后代持续创业的动力就越强，从而保持家族企业的持续成长。

1.2.2　跨代企业家创业激情的重要性

与非家族企业家相比，家族企业中的跨代创业者受到更多样的资源基础、创业经验和企业家精神传承的影响。这些因素可能会对其创业激情的生成产生促动或阻碍的作用。作为家族企业的准继承人，这些跨代企业家不可能不受到家族创业经历的影响。从来没有尝试过成功或失败的"创业新手"和那些有家族创业或管理经验的"老手"们相比，他们对于创业的情绪感知不会完全一致。例如，我们会发现，没有经历过成功的人更容易接受失败。这体现了过往的经验积累对创业情绪一定的塑造作用。也就是说，从情绪到行为的关联影响可能是双向的。这意味着，从具体的创业行动中形成的情绪感知可能会对创业者的归因和对未来的创业评估产生影响，即情绪反应具有一定的习得性。以往对于家族跨代创业者鲜有研究，对于家族跨代创业者创业激情的生成与对家族企业创业式成长的剖析更是十分欠缺。创业激情研究在近十年来逐步形成热潮，然而，对于不同类型创业者创业激情的形成却缺少分析论证。因此，本书的主要理论意义在于通过对家族创业经验对后代（跨代企业家）的创业激情的作用机制来剖析既往经验对创业者情绪生成及后续活动的影响。本书无论是对创业激情的研究，还是对家族跨代创业的研究均具有十分重要的前沿推动意义。

家族企业的发展历史提示我们，并非成功地转移了所有权和控制权的家族企业都能够持久生存。其原因在于，如果家族企业后代仅仅是一个被动的家族生意的所有者或经理人，而不能够将上一代的创业精神传承或发扬下来，那么，家族企业就难以具有创新的活力，难以在激烈的竞争中存活下来。因此，家族准继承人的创业精神传承是影响家族企业是否能够永续发展的关键要素之一。本书从创业者心理认知和创业激情的传播视角做出考察，可以对家族企业跨代创业者情绪智能构建和干预策略提供切实可行的理论指导与建议。

第一，揭示家族企业家的创业活动从思维、感受到行动的过程，探寻企业家"非理性"情绪与"理性"行为之间的转换。在本书作者以往的研究中，重点考察了家族企业跨代企业家基于认知学习和行为学习如何影响家族企业的跨代创业成长（陈文婷，2014）。研究发现，家族企业后代的不同学习方式对家族企业跨代知识获取与创业绩效的影响，指出家族企业后代在企业发展中不仅仅是一个经理人的角色，而是成为更具创新性的创业者角色。并且，他们会根据外部制度、家族及企业内部制度环境的改变而相机地选择认知与行为方式，呈现出差异化的学习路径。在研究过程中，我们发现，家族跨代创业者的学习包含了个体认知与社会认识不断融汇的过程，而以往对于创业者思维和感受的研究，将情绪与机会开发的关系看成是必然的，并仅从个体认知的角度进行解释，鲜有文献关注其情绪活动的社会嵌入性问题。从社会认知的角度看，认知、行为与环境的互动意味着在创业的不确定性情境中，创业者不仅要依靠个体知觉进行自我调整，也要通过更广泛的观察、模仿、调整试错等学习过程来形成更好的行为决策依据。

　　第二，剖析创业活动中创业者心理机制的多重作用，从相对较新的视角深化对当前创业行为的理解，并为现实的创业活动提供有效的情绪干预和智能构建机制。本书从微观的家族跨代创业者心理层面对创业活动效能进行解析，是将行为科学、心理科学引入到创业机会开发的实证研究中，为深化对创业机会开发及家族企业成长的理解提供了有益的尝试，能够更加深入地形成对创业活动规律和结果的解析力度，一定程度上弥补目前创业管理研究中对创业者心理研究的不足。本书希望通过这一研究来深化目前家族创业研究的层次和内容。

2 创业者认知与思维的独特性

对创业者个体思维的研究是解析创业者认知、探索创业行动的重要手段之一。在已有的创业学文献中，对创业者认知的研究多从认知过程和认识类型的角度出发，也取得了一些有益的结论。但是，与其他的人群相比，创业者思维的主要特色究竟是什么，是什么促成了个体的创业动机，创业者是如何在资源既定的条件下对创业机会和创业资源进行捕捉和组合，仍是需要我们进一步探索的问题。心理学中的一些重要进展为创业研究提供了有益的解释工具，要了解创业者的情绪特点，我们首先要了解创业者创业活动中的独特性心理活动，以及引发此类心理活动的思维过程。[①]

2.1 创业者认知

创业研究高度关注创业行为的产生和前驱因素，并力图去解释创业行为随环境改变而发生的变化。然而，创业研究的变革越来越证明了这

---

① 本章部分内容已发表，见何轩，陈文婷，李青. 基于反事实思维视角的创业研究述评与展望 [J]. 外国经济与管理，2013（10）：13-21.

一点：解释创业行为有效性的因素包含了创业者的认知活动与心理过程。杨俊、张玉利及刘依冉（2015）指出，创业研究正在经历着一次新的转型和深化，与20世纪80年代从创业特质论研究向行为和过程研究的转型相似，这一次转型和深化仍是对创业活动独特性本质认识的深化，并进一步逼近创业实践的结果。"创业研究近年来开始从关注创业过程中创业者的行为理性（如何行动）深化为研究创业者的认知理性（如何认知和决策），致力于归纳并识别具备共性规范和合理性的创业认知和决策特征进而探索其对创业行为的作用机制，被称为创业研究的认知学派，在创业领域形成不小震动（Mitchell等，2007，2010；Baron，2004）。创业认知学派的基本假设是：创业活动的独特性并非来自行为表现，本质上是创业情境特殊性诱发的独特认知和思维过程。"（杨俊等，2015）。

从创业认知学派的发展来看，创业者认知深刻地反映了创业者从思维到行为的反应过程。进入21世纪以来，特别是伴随战略行为理论的兴起，越来越多的学者认识到：企业家创业行为和其他战略行为一样，是构建在企业家自身认知基础上的，企业家创业绩效不仅是对商机的客观判断与决策的过程，也是企业家主动选择与创造的过程。只有全面把握个体心理因素，特别是积极情绪与认知过程的影响，才有可能揭开创业认知的内在机理（周小虎等，2014）。

2.2　创业者的反事实思维

反事实思维[①]（counterfactual thinking）是诺贝尔经济学奖获得者、将心理学方法引入经济学研究的著名学者Kahneman，以及他的同事Tversky在1982年发表的一篇题为《模拟式启发》（The Simulation

---

①　国内学者张结海和朱正才（2003）把"counterfactual thinking"译成"假设思维"，蒋勇（2004）把它译成"虚拟思维"，而陈俊等（2007）则把它译为"反事实思维"。我们倾向于采用陈俊等的汉译名，因为"虚拟"和"假设"二词在中文中虽然与"反事实思维"一样，均有"不是事实"的意思，但"虚拟思维"和"假设思维"都包含想象和创造的成分。而"反事实思维"强调的是个体对过去已经发生的事件进行否定性心理模拟和替换，目的在于预测、推理、因果归因，它能帮助人们明确目的，改善行为。反事实思维限定在过去的具有不同选择的变化形式中，不是指向未来的期望，只是对既成事实的否定。因此我们也认为宜把"counterfactual thinking"翻译为"反事实思维"，在中文表述中能比较明确地将"已经发生"和"没有发生"区分开，所以本书以下统一表述为反事实思维。

Heuristic）的论文中首次提出的。其实，早已有哲学学者（如Goodman，1947）从事反事实思维研究，但心理学、经济学和管理学等学科直到20世纪80年代才开始真正关注反事实思维问题。反事实思维是一种对过去发生的事件进行事后判断和决策的心理模拟（mental simulation），其实是对已发生事情进行否定，然后表征原本可能出现而实际并未出现的结果。

通过经验观察创业者的创业行为可以发现，创业者从事创业活动的思维方式并不是完全因循审视环境、计划分解、分析方案、优化决策的事前理性分析过程，而是在资源分散且不完全确定的情况下，根据已有的活动经验不断调整发展方向和具体目标。这意味着创业者思维更多地会受到其已有经验或者假设的反向经验影响，既从已有经验中吸收知识，也从对已有经验的逆向思考中获取信息，而这其实就是反事实思维的本质表现。

如上所述，反事实思维是指对过去已经发生过的事件，进行事后判断和决策的一种心理模拟。这种模拟是个体心理上对于已经发生的事情进行否定，然后表征原本可能出现而实际并未出现的结果的一种思维活动。在英文表述中，它还有两个非正式的说法，if-only thought 和 might-have-been thought。它一般以"如果……那么……"（if / then）的形式出现。Roese（1994）根据前提的性质把反事实思维分为三种类型：（1）加法式（additive）。在前提中添加事实上未发生的事件或未采取的行动而对事实进行否定。（2）减法式（subtractive）。假定某个既定事件并没有发生，从而对事实进行否定和重建。（3）替代式（substitutional）。假定在前提中发生的是另一个事件，从而对事实进行否定和重建。

Markman 等（1993）根据命题比较方向，把反事实思维分为上行反事实（upward counterfactual）和下行反事实（downward counterfactual）。上行反事实思维是指针对过去已经发生的事件，想象如果满足某种条件就有可能取得比实际结果更好的结果，其中表现出个体有不满足和懊悔的成分在里面，因此，也有 regretful thinking 一称。下行反事实思维，也称为"下行假设"。它是指可替代的结果比真实的结果更糟糕，有庆幸的成分在里面。普遍作为研究例子的是，获得银牌的选手通常容易产生上行反事实思维，而获得铜牌的选手倾向于下行反事实思维。

根据陈俊等（2007）的归纳，反事实思维研究发展至今已有20多年，主要的理论流派是 Kahneman 和 Miller 在1986年提出的"范例观"（norm theory perspective），以及后来逐步发展形成的"目标–指向观"（goal-directed perspective）。"范例观"是反事实思维的早期理论，其主要观点是反事实思维的激发是自动化过程。而目标–指向观总的观点是：反事实思维不是一种自动化过程，它是由于个体在特定环境、特定情绪等情景下对以往经历过的一些特定事件进行思考。人们为了达到某种目的，可以有意识地控制和运用反事实思维，可以将其当作一种认知策略的工具。此后，Kray 等（2006）认为反事实思维的功能有三个：一是可以作为今后遇到与以往经验不一致信息时的一个重要参考；二是在团队任务中，通过增加对新异思想的鉴定与批评，提高团队决策的准确率并有助于团队合作；三是通过加强对信息内容的审查，有利于决策者区分强和弱的意见。

为什么一些人成为创业者，而另一些没有？应该从什么角度切入来回答这个问题，成为创业学领域研究的关键点。虽然创业学的形成比较晚，但是已有不少学者取得共识：单纯从个人特质入手，并不能很好地解析创业学中的众多问题。而且如果个人特质真的是一个合适角度，那么创业学发展的空间将非常有限，特别是其中的创业教育学也就根本没有存在的必要，因为个人特质可以培养和改变的可能性非常小，这似乎为"创业者源于天生"的论断提供了最好的支持。鉴于此，创业学的开拓者们开始尝试其他路径。

Shane 和 Venkataraman 于 2000 年在 AMR （Academy of Management Review）上合作发表了一篇题为《创业作为一个学术研究领域的前景》（The Promise of Entrepreneurship as a Field of Research）的经典创业学论文。他们在这篇论文中正式指出："创业是一个过程化的学术概念，创业者的行动理由和行动方式是亟待研究的命题，而探讨创业者的认知方式是剖析创业过程的关键所在。"其实，在 Shane 和 Venkataraman 之前，Krueger（1993）、Palich 和 Bagby（1995）以及 Busenitz 和 Barney（1997）等学者就已经提出，创业者和非创业者的根本区别在于对客观世界的思考方式不同，并不是因为他们具有什么神秘的特质，而是他们对环境（特别是风险和机会）的认知和判断与非创业者存在本质区别。思维模式是人脑对现实事物间接的、概括的加工形式，是人类通过对客观世界的认识和实践来看待事物的观点、参考结构和信念的一种内在程序，并对人们的言行起着决定性的作用。大量实证研究（如 Baron，2000；Gaglio 和 Katz，2001）表明，创业者与非创业者在思维模式和归因等认知过程中存在明显差异。于是，从认知角度出发，剖析创业者在机会识别、机会开发和企业创立等方面的思维过程，成为创业学领域中最吸引研究者和最具发展潜力的研究空间（Baron，2004）。

2.3　基于反事实思维视角的创业研究

自 Baron（1998）正式提出至今，反事实思维被引入创业研究领域的时间并不长，它对于探析创业者的认知机理具有一定的解释力度和研究前景。然而，不同背景的学者们都是在各自原有涉猎的领域中将反事实思维作为其中的一个变量，所以目前在这方面开展的研究并不具有系统性，比较发散。下面我们以四个问题作为主线，梳理现有相关研究，尽可能厘清现有研究之间的逻辑发展脉络。首先，为什么创业者与非创业者在反事实思维方面会有差异？其次，反事实思维在创业过程中的具体作用机理是什么？再次，从创业认知研究过渡到创业学习研究，反事实思维在创业者对现有经验的反思与重构的学习过程中起到什么作用？最后，创业者反事实思维与企业绩效之间存在怎样的关系？

2.3.1　创业者与非创业者在反事实思维方面的差异

创业者和非创业者在反事实思维方面究竟存在什么区别呢？最直接的切入点就是创业者比非创业者更多（还是更少）运用反事实思维。Baron（2000）认为，因为反事实思维带来的一系列负面情绪会严重影响个体在判断时的感知，使其更倾向于产生消极的结论。所以，他认为相对于非创业者而言，创业者更少地运用反事实思维。得出这样的结论基于以下三点原因：首先，相对于已经发生的事情而言，创业者更关注的是现在和将来。Kahneman 和 Lovallo（1993）指出，创业者存在明显的现在和将来导向，而忽略一些过去事件产生的后果，倾向于产生一些并不是很有依据的乐观主义情绪。与此相类似，Gartner 等（1992）也发现，当创业者采用"如果……那么……"的情景条件假设方式思考问题时，总是会把一些其实并不确定能够发生的事情看成是必定的，而且会竭力说服别人依据这些根本还无法确定的将来事件进行行为决策。其次，相比较于其他人而言，创业者更倾向于过度乐观、过度自信和控制错觉等情绪，所以创业者根本不可能拘泥于过去。最后，当创业者面临挫折和失败时，他们更倾向于保持坚持不懈的正面乐观态度，而且总是很快又投入到忙碌的日复一日的奔波中。所以，创业者没有时间和兴趣去进行反事实思维。

而 Markman 等（2002）认为，Baron（2000）在研究中把学生作为创业者的对照样本，可能会造成研究结论的偏差。于是，他们把拥有专利的非创业者作为拥有专利的创业者的对照样本。由于两者都拥有专利，因此可以尽量保证对照样本除了在选择创业与否这一项之外的同质性。这样，就可以最大限度地体现创业与否这一选择给反事实思维带来的影响，而避免产生由其他因素导致的偏差。结果发现，在让同样拥有专利的创业者与非创业者在回忆他们感觉后悔的决策时，在数量上两者并没有明显区别。不过，创业者对于错过的那些商业机会后悔的程度更强烈。相反，非创业者是对于一些在教育和寻找职位方面的决策产生后悔。虽然 Markman 等（2002）研究得出了与 Baron（2000）不同的结论，但对于其中机理的解析仍相对比较欠缺和模糊。所以在其后的研究中，学者们开始剖析反事实思维在创业者的创业过程中，具体是通过影响哪些因素而产生作用的。

2.3.2　创业者反事实思维的具体作用机理

1.反事实思维与创业者自我效能感

在后续研究中，学者们不再局限于讨论创业者与非创业者之间反事实思维的数量和强度问题，而开始涉及具体传导机制，其中有一部分学者将其与自我效能感（self-efficacy）结合在一起。自我效能感指人对自己是否能够成功地进行某一行为的主观判断，是个体对自己实现特定领域行为目标所需能力的信心或信念，简单来说就是个体对自己能够取得成功的信念。自 20 世纪 70 年代由美国心理学家 Bandura（1978）提出后，它一直以来都是创业学研究的关键点，并成为创业意愿、机会识别能力、创业绩效等一系列问题的重要解析变量。而在将其与反事实思维联系在一起后，自我效能感成为反事实思维与创业意愿、机会识别能力、创业绩效的中介变量，可以形成更为深入和全面的模型。

起初，学者们（包括创业领域与其他领域）都认为成功经验会增强自我效能感，反复的失败会降低自我效能感，并传导影响其他变量（Zhao、Seibert 和 Hills，2005；Tumasjan 和 Braun，2012；Hechavarria、Renko 和 Matthews，2012）。也就是说，反复失败后产生的上行反事实思维会大大降低个体的自我效能感。但是，Markman 等（2005）指出，探讨还必须更深入一个层次，亦即除了区分上行反事实思维的量（后悔的次数）和强度，还有质（后悔的类型）的区别。他们认为，相对于量和强度而言，最本质的区别应该在于质。因为个体获取各类创业资源的成本是不一样的，承受失败的能力不同，坚持不懈的程度就不同，顽强的创业者可能根本不会为承受能力弱的个体所追悔莫及的事情花费心思。因为创业者坚持不懈的精神，会让他们经历不同类型的后悔，而自我效能感则在这种磨练中不断增强。他们将这一理论逻辑称为"反向共现"（adverse co-occurrence）。可惜的是，限于研究方法和研究设计的问题，在 Markman 等（2005）的研究中并没有成功呈现究竟创业者与非创业者，或者坚忍不拔的创业者与承受能力差的创业者之间，在反事实思维方面究竟有什么"质"的不同。

那么，究竟什么因素可能影响 Markman 等（2005）所指的承受能力？随着研究的深入，Arora 等（2013）指出，既有研究都隐含地假设个体采用同样方式进行反事实思维，而事实上每个人自身的情感因素和个人特质都会对反事实思维过程产生影响，从而使得反事实思维与创业要素之间的关系可能出现不确定性。这种不确定，就是不同承受能力的表现。所以，基于反事实思维的创业研究应该深入寻找对因果关系产生决定性影响的调节变量，而不是仅仅满足于讨论创业者和非创业者在反事实思维频率和强度上的差异。

其实,"目标指向说"已经指出反事实思维过程受归因、态度等认知因素的影响,只是在将反事实思维引入后,创业学研究领域自身却没有重视这一点,并进行相关影响机理的实证研究而已。正如 Krueger 等(2005)所指出的那样,如果不了解这些影响机理,就会出现研究结论互相矛盾的情况,这显然不利于剖析创业者对于风险和机会的认知和判断与非创业者的本质差别。所以,Arora 等(2013)将心理学的成熟变量——自尊,引入反事实思维与自我效能感的关系模型。因为自尊就像一个屏蔽器,当个人遇到困难的时候,自尊会减低惶恐和焦虑(Pyszczynski 等,2004)。他们的研究结果发现,自尊显著削弱了原本存在于反事实思维与自我效能感之间的负相关关系。同时,当个人的气质性情感因素(如热情、兴奋度等)产生正向效应的时候(Haynie、Shepherd 和 McMullen,2009),也能够起到有效的缓冲作用,使得个人不会因为反事实思维而显著打击自我效能感。

2.反事实思维与机会识别

机会识别,自创业学研究初始以来一直都是该领域的焦点问题(Shane 和 Venkataraman,2000;Eckhardt 和 Shane,2013)。Gaglio(2004)在范例说和目标指向说的基础上,更进一步地区分了自发反事实思维(automatic counterfactual thinking)和自觉反事实思维(elaborative counterfactual thinking)对于机会识别的影响。目标指向说指出,人们为了达到某种目的,可以有意识地控制和运用反事实思维,将其当作一种认知策略的工具,作为今后遇到与以往经验不一致信息时的一个重要参考。以此为基础,Gaglio(2004)认为,相比较于不善于发现机会的人,创业者会主动进行反事实思维,而不是单纯的刺激反射型的后悔或庆幸。对于创业者来说,反事实思维是一种非常有效的心理模拟(Kahneman,1995),因为其将一些能够改变现状的可能性举措与各种结果联系在一起,这样能够锻炼(潜在)创业者的认知能力。进而,在创业机会的识别过程中,创业者能够运用自觉反事实思维,通过心理模拟清晰地了解各种复杂因素与各种不同结果之间的关系,进而能够在各种商业环境中有效地识别机会,甚至是创造机会发生的条件,进一步捕捉机会。所以，相对于非创业者来说，创业者更多地进行上行反事实思维，但他们不是单纯的后悔，而是尽力穷尽各种可能的改善措施，从而在再一次面临机会时能及时有效地出击。创业者更多地进行加法式反事实思维，即在前提中添加事实上未发生的事件或未采取的行动而对事实进行否定，而不是去幻想一些可能性极小的假设，或者是抱怨那些已经发生的事情（减法式反事实思维）。

在最近的研究中，有学者将包括反事实思维在内的认知偏差归纳为创业认知中的非线性思维（Groves、Vance 和 Choi，2011），提出创业者应该在线性思维与非线性思维的合理均衡中，更好地获取创业绩效。因为在进行反事实思维时，创业者比非创业者更能够抵抗一些认知偏差给自己决策带来的负面影响。而认知偏差所致的非线性思维并不是只有负面作用，所以线性思维与非线性思维的交互影响一方面能够放大彼此的正面效应，而另一方面又能够抑制各自的负面效应，从而更有效地进行机会识别与机会评估。另外，有的学者则将反事实思维纳入规则性思维（rule-based thinking）的范畴（Wood 和 Williams，2013），他们认为在"最坏案例脚本"（worst-case scenario）这样的规则背景中，创业者通过对之前经历的反事实思维，将一些能够改变状况的可能性举措与不同结果联系在一起，从中评估将要进行的举措可能产生的最坏后果。如果这种可能的最坏后果超出个体承受范围，创业者会放弃这个所谓的机会；反之，则意味着这个机会通过评估，进入后续的创业环节。

总的来说，目前该方向学者们的共同观点是，虽然反事实思维是一种假设性思维，但是创业者在利用其过程中目标是非常明确的——通过这种心理模拟提高自身识别创业机会（创造机会）能力，而绝对不是寻找自我安慰式的情感满足和逃避，而非创业者则往往相反。

2.3.3 创业学习中的反事实思维

如前所述，归因是认知的重要个体特征，更是反事实思维的关键因素（Rips 和 Edwards，2013）。内部归因的创业者在面对积极的前期绩效时，会由于自身信心的增长而对下一次行动预设出更为积极的绩效表现，进而提高了下一次创业行动的实际成功可能。而外向归因的个体则会对消极的前期绩效寻找可能的外部原因，进而减轻下一次行为的负担感，更积极地寻找新的机会点（Rafetseder 和 Perner，2012）。这意味着，创业者会根据已有创业经验结果的反馈来动态调整自身行为和情境预设，达到更好的创业绩效。同时，创业者的个体差异会随着其塑造行为的过程而产生改变，所以我们就必须去了解行为塑造（学习）过程中反事实思维的变化。我们认为很有必要在现有非直接相关文献梳理的基础上，谈谈两者的重要关联。

正如 Krueger（2007）所指出的，认知结构和思维模式对于创业研究至关重要，因为它们为"创业者可以后天培养"提供了强有力的证据支持。只从原始知识基础，已经不能有效地发现创业者和非创业者的根本区别所在，创业学研究应该深入剖析创业者在通过创业学习来获取和积累知识方面与非创业者存在的本质差别（Holcomb 等，2009）。如果这些工作得以开展，就可以深化创业学研究领域，避免出现研究路径完全偏向于个人特质，导致研究结论出现只存在"天生创业者"而自闭出路，而且也能够为目前在国内外都处于上升期的创业教育培训提供切实有效的真凭实据，引导其良性发展。

由于经验或实践而发生的持久或相对持久的适应性行为变化，都可以看作学习（Eittrock，1977）。对创业者而言，其学习过程高度依赖于创业者的先验经验和其对经验的反思与重构，特别是从失败或者是可改进之处获取知识（Cope，2011）。创业者对创业机会的把握既取决于其实际行动，也取决于对已有行动的反思内化。早在1984年，Kolb 的经验学习模型就指出，通过行为和通过理解、解释获得经验都是创业者学习的重要途径。前者是基于行动的聚合或适应性学习，后者则是基于思维理解的发散式学习。这意味着创业者会通过感觉和领悟获得经验，并通过对这些经验的可能结果进行正向（与行动一致的）或反向（与事实不一致）的预设来进行内在反思。这实际上体现的就是创业者反事实思维的运用。在其后的创业学习研究中，一些学者专门对创业者学习过程中的心理变化进行了深入探讨。例如，Ravasi 和 Turati（2005）通过案例研究，剖析了成功的创业者和不成功的创业者在心理影响因素方面的差异。结果发现，感知到的因果模糊性、相关知识基础、对过程的控制程度以及感知到的回报不确定性这些关键因素都会影响创业者行为。其中，感知到的因果模糊性是区别创业者与非创业者的关键心理变量。创业者在启动一项新的任务时，会设法降低因果模糊性，他们会在开始创业活动之前通过对特定现象的想象来增强其控制行为的自信心，进一步降低创业活动的因果模糊性，从而在实际的创业活动中获得成功。

综上，我们可以得出结论，创业活动中的反事实思维是确实存在的，且创业者会将其作为创业学习的一个过程。而这类反事实思维的存在，又使得创业者区别于一般的非创业者，即创业者并不是完全依赖生而有之的创业能力开展活动的，而是在不断的学习过程中提升创业成功率。

2.3.4 反事实思维与创业绩效

企业家的个体特征在企业演进过程中的作用是不能被忽视的（Penrose，1995）。其实创业过程就是追逐利润的企业家在非均衡状态下推动的知识积累和机会发现及利用的动态竞争过程。传统企业理论对企业家的忽视在很大程度上制约了其自身理论的发展（Foss，1996；Barney，2001），这是因为企业家角色在主流理论中的消失。所以，虽然委托代理理论和资源观理论的引入对于创业学理论体系建设具有很大的作用，但是也导致目前绝大多数研究只偏重治理结构、资源分配等与绩效之间的关系，而没有去探究企业成长的源头。如果这样，创业学就无法回答，企业家为什么会选择这样的治理结构模式和资源分配方式，而不是其他类型（Baron，2007）。虽然也有部分研究从创业者人口学特征出发探析其与创业绩效之间的关系（Baum 和 Locke，2004），但是对于企业家思维模式等微观层面的精神活动过程这类解析创业绩效关键变量的研究非常欠缺（Leitch 等，2010；Clarysse 等，2011）。随着创业学研究的不断发展，相对偏重于半微观分析的契约现象（semi-micro analytic contractual phenomenon），无疑我们应该加强分析微观主体的决策行为（谢林，2005）。

Wright 和 Stigliani（2013）在他们的一篇评述性文章中指出，学者们应该重视从创业者认知角度出发解析创业绩效和创业企业成长的微观基础研究。他们提出了一个涵盖个人、企业、环境三层面的创业绩效研究框架，除了分析三层面各自对应绩效的关系，更有趣和复杂的是它们之间在交互作用后对绩效产生的影响。而且，他们特别强调在目前广泛进行的定量研究和实验法基础上，应该结合多案例比较、民族志、扎根理论等质性研究方法，这样才能更为真实、丰富地呈现出创业图景。反事实思维会通过影响创业者从过往成功和失败经验获取知识方式的不同，从而对企业后续的成长产生作用（Cope，2011）。例如，习惯导向性的创业者（habitual entrepreneurs），失败经历给他们带来的是高度的风险规避性，从而反映出来的是保持稳定的但是较为平庸的企业绩效（Ucbasaran 等，2010）。这可能是因为不论是下行反事实思维令其庆幸没有失败得更严重，还是上行反事实思维令其懊恼不已，这类创业者都没有主动运用反事实思维，通过心理模拟清晰地知道各种复杂因素与各种不同结果之间的关系。在失败之后，创业者究竟如何运用反事实思维，以尽快恢复，并战略性重组资源与网络，设计出新的企业成长轨迹？反事实思维对于创业者精神过程的作用机制究竟如何，从而又如何影响创业绩效？这一系列问题现在都还没有答案。正如 Wright 和 Stigliani（2013）所述，关于反事实思维与创业绩效之间关系的课题研究才刚刚开始。

2.4　对创业者认知与思维的未来展望

反事实思维研究虽然起始于心理学，但在创业研究中，已经成为一个不可忽视的研究方向。通过上述基于反事实思维的创业研究综述可以看到，反事实思维实际上为我们提供了一个从认知视角培养和提升创业者精神与能力的新视野。

2.4.1　现有创业者认知与思维研究小结

总体来讲，目前国内外对创业过程中反事实思维的研究尚处于探索期，但是已为我们展示了反事实思维这一认知活动在创业过程中的关键作用和解析能力。我们可以分别从理论指导和创业实践两个角度去分析反事实思维在创业研究中的价值。

第一，已有研究为我们揭示了创业者思维对创业行动和活动结果的重要意义，可以归纳为以下四个问题：首先，为什么创业者与非创业者在反事实思维方面会有差异？其次，反事实思维在创业过程中的具体作用机理是什么？再次，从创业认知研究过渡到创业学习研究，反事实思维在创业者对现有经验的反思与重构的学习过程中起到怎样的作用？最后，创业者反事实思维与企业绩效之间存在怎样的关系？对以上这些问题的探讨还有很多都是刚刚起步。

第二，从创业教育的角度看，上述反事实思维的研究可能提示我们，创业者的创业动机和积极的创业意图对创业行动开展来说固然重要，但创业者们如何"理解（或解读）"他们的（或别人的）创业经验对创业成功更具影响。换言之，对创业效能真正产生影响的可能并不是创业者"实际"的创业经验，而是创业者对经验的自我解读。因此，在创业教育体系中，我们除了帮助潜在创业者建设积极的创业意图和心理外，还要建立对创业者"反事实思维"能力的培训。目前，已有研究者强调从创业失败学习的角度来帮助创业者完成反事实思维教育。例如，如何利用反事实思维管理应对创业失败情绪，通过对失败经历的梳理积极地进行"反失败"思维训练，以提升其后续创业的能力（Shepherd，2004）。这类"针对错的管理"的培训方法，更能够帮助创业者从事物和行动的反向思考中获得正面收益，帮助他们做出正确的决策。

2.4.2　研究局限与未来展望

由于创业学研究中的反事实思维视角出现时间不长，因此目前仍有许多的局限有待突破。要更加清晰地了解反事实思维的作用机制，可能还需要进一步回答下列问题：

第一，创业者主动运用反事实思维作为提升创业行为控制力的一个促动因素，这一结论已经得到了已有研究的支持。然而，反事实思维的运用本身又会带来创业者认知的改变，这将如何影响创业后的行为？针对这个局限，未来有必要对不同阶段（如机会识别、机会捕捉、资源整合、创业发展等时期）反事实思维作用机理的差异进行探索分析。例如，机会识别和捕捉时期，创业者的反事实思维重点可能并不在于对已有经验的逆向分解，而是对现实状况的发散分析；而在资源整合和创业发展时期，如何对已有经验的因果要素进行分析整合，提出切实可行的创业行动方案，可能才是更有价值的思维活动。

第二，不同的创业者个体运用反事实思维的程度存在一定的差异。在什么样的情况下，反事实思维会帮助创业者厘清问题，促进创业知识的吸收？在什么情况下，反事实思维可能仅仅是创业者的被动反应？这两者又会否带来差异化的创业结果？目前我们还不能准确知道反事实思维是否总是创业者的一种自发性积极行动，还是在环境压力的迫使下被动产生的。未来在实证研究的推广和展开中，有必要对持有不同驱动因素的反事实思维活动进行细分和比较。主观的经验推测表明：主动的反事实思维可能会促动创业者积极寻求未被开发的创业资源和机会，进而拓宽其创业的行动范围，获取更有价值的潜在行动方案，但也有可能为创业者带来潜在的创业风险。而外部条件胁迫下的反事实思维会促使创业者更多关注已有的条件与影响要素的优选，在优先的活动方案中进行比较。这可能会限制创业者的行动范围，但可能会使创业者更加集中于某一机会和资源的投资，提升创业效率。当然，这些问题需要我们进一步验证。

第三，目前的研究仅仅对不同性质创业者的反事实思维差异进行了初步说明，但是这个思维和心理变化的具体机制尚未明晰。作为一种思维活动，它的确会对创业者行动产生影响。但反之，创业者又会在行动中不断改变和调整思维，这个双向互动机制值得我们进一步探析。针对上述问题，我们需要深入分析反事实思维作用下创业者心理变化的具体过程，并针对差异化的个体和情境展开研究。同时，这也需要我们对创业者和非创业者以及不同特点的创业者进行多组别的对比研究，并借鉴心理学等相关学科的先进工具进行观测和验证，以得出有效的研究结论。

第四，反事实思维对创业活动的影响是否是双重的？创业活动来自创业者的直觉决策和思考，我们已知创业者并不是在对情境条件完全掌握的情况下进行理性决策，而是应对不确定性进行模糊决策。那么，反事实思维是否也有一个作用的影响阈值？过多的或者不适度的思维活动是否会导致创业者错失稍纵即逝的创业机会？或者对创业行动产生阻碍？对上述问题的分析，未来需要进一步明确反事实思维的具体构成内容和操作测量标准，利用扎根研究或样本分析的方法进行验证。这也说明，对反事实思维具体内涵和外延的操作性界定，是将其运用于创业研究的一个基础工作。

第五，反事实思维能否成为中国与西方不同情景下创业学研究的对话点？如前所述，思维模式是人脑对现实事物间接的、概括的加工形式，是人们看待事物的观点、参考结构和信念的一种内在程式，对人们的言行起着决定性的作用。应该说辨析东西方思维模式在创业过程中的具体呈现与影响机制，是进行跨文化创业研究的基础工作。通常认为，东方人把世界视为由交织在一起的事物组成的整体，所以他们总是力图在这种复杂性之中去认识事物，对事物的分析也不仅局限于事物本身，而且还包括它所处的背景与环境。西方人在考虑问题时能够做到将客体与其所在背景分离，聚焦认识事物的属性从而将其划分为某种范畴，进而利用该范畴的属性的规律来解释和预测事物的行为。所以，在中西方人的思维模式差异中，反事实思维不失为创业学研究的一个很好的对话点。反事实思维对于中西方创业者的影响和作用机制究竟有什么不同？这些不同能够为中西方创业比较研究提供什么思路？以上问题都非常具有研究价值。

3 从创业者认知到创业情绪

　　创业为什么常常成瘾？到底是什么动机在推动创业者不断地参与创业活动呢？当我们聆听创业者的故事时，往往会发现执迷和激情是他们呈现出的重要特点。在现实中，也会经常看到，即使是经济回报很低、不被他人看好的创业活动也不会令创业者轻易放弃。例如，肯德基的创始人桑德斯在被投资人拒绝了百次后创办了肯德基，马云在创立电脑服务公司、翻译社接连失败的情况下仍然满怀激情地在西子湖畔不断尝试，中国最大的电商平台阿里巴巴才终于得以面世。这些活生生的例子反映出，一些创业者在创业的过程中自始至终饱含着对创业的激情和热情，面临失败也能越挫越勇。①

　　传统的创业研究更多地从资源观、理性人视角来对创业进行研究，将创业活动当做理性人假设下的逐利经济活动。但实际上，人类的思维分为理性的"冷"认知系统和非理性的"热"情绪系统（Krain等，2006），情绪本来就是创业决策中不可缺少的一部分。对成功事业的渴望和热爱可能比经济回报更吸引创业者的投入。但是，和机会观与资

①　本章及第4章部分内容发表于：陈文婷，周月，鲁晓晨. 创业情绪理论及其前沿研究：多层次视角的分析［J］. 创新与创业管理，2018（1）：107-134.

源观的研究相比，在现实创业活动中具有典型意义的创业者心理和情绪/情感的研究被极大忽视了。对创业者个体和企业生成的理论一直都是以理性决策为主流诉求的，对企业家个体和企业运行的情感基础剖析不足。直到近十几年来，学者们才开始从更为微观的视角关注创业者个体思维处理过程中认知与情绪的关键作用（如 Brundin、Patzelt 和 Shepherd，2008；Chen、Yao 和 Kotha，2009；Foo、Uy 和 Baron，2009；Shepherd 和 Cardon，2009）。Baron（2008）、Cardon 等（2012）学者甚至认为，创业就是一个情绪体验的过程。乐观主义、自信、风险倾向、恐惧、愤恨等情绪交织将会影响创业者对风险和不确定性的评估，进而影响其机会开发决策。无论是个体创业者还是团队、组织创业者的活动，其本质都是"在不确定条件下对一个可能的创业机会做出判断性决策"的行为过程（McMullen 和 Shepherd，2006），而人们的决策必然包含着情感的成分。研究者发现，这些看似"非理性"的经验逻辑背后，人们遵循着将情绪与认知功能进行整合的模式，这时创业活动才能得到最优解（Quartz，2009）。因此，学者们相信，对创业者心理和情绪的深入研究是极有必要的（Foo，2011）。

随着对创业情绪研究的不断深入和实践应用层面的迫切需要，近些年，一些学者开始尝试系统梳理创业情绪研究成果，以谢雅萍（2014）、Cacciotti 和 Hayton（2015）以及 Puente（2015）为代表，学者们发表了与创业情绪相关的综述性文献。谢雅萍（2014）就创业激情（entrepreneurial passion）这一特殊创业情绪进行了综述性的研究，探讨了个人特征、情绪、动机等不同视角下，学者对创业激情内涵的解析，并且阐述了创业激情与创业认知、创业行为等相互关系的 5 个主要议题。Cacciotti 和 Hayton（2015）梳理了创业中有关恐惧的研究文献所展示的重要特征。Puente 等（2015）学者不同于前二者集中对某一特殊创业情绪进行综述，而是对情绪与创业之间的联系的研究现状进行了元分析，并指出：学者们对创业过程的不同阶段表现出不平衡的重视程度，未来急需对创业情绪进行分层次研究的厘清。因此，本书认为，随着情绪感染和社会学关于情绪的研究（如 Hatfield 等，2004），要想明确创业情绪的作用激励，不能仅仅局限于内在层面的分析，还需要对复杂的创业网络中与创业相关的利益者进行研究。鉴于此，本书采取多层次分析的视角对创业情绪研究模式进行梳理，即将创业情绪的研究分解为创业个体层面的情绪研究、创业关系层面的情绪研究、创业公司层面的情绪研究，来试图建立综合框架下的创业情绪分析模型综述，并指出未来可能的研究方向与问题。

3.1 创业情绪与创业激情

3.1.1 创业情绪文献分析设计

为提高研究分析的有效性，本部分结合科学计量研究方法和质性研究方法进行文献分析。本书将创业情绪与其他相似的概念进行区分，选定创业情绪作为研究对象。通过对创业情绪研究成果的归纳和总结，基本上厘清了创业情绪的理论构建和研究的发展状况，并结合中国学者的研究现状及面临的挑战与机遇，指出未来创业情绪研究可能的研究方向和主题。

1.文献的选择

首先，为了有效界定"创业情绪"以作为本书的研究对象，本书在Web of Science 上首先选择了关键词 entrepreneurial emotion、entrepreneurial affect，得到50篇文献；将文献导入 Histcite 中，对关键词进行初步分析，得到排名前十的关键词为 entrepreneurial、entrepreneurship、passion、emotion、emotions、failure、role、affect、fear、entrepreneurs。因此，继续选择关键词 entrepreneurial passion、entrepreneurial affect、entrepreneurial+ failure、entrepreneurial+fear，并且以 entrepreneurship 代替 entrepreneurial 进行了检索。另外，创业情绪的研究涉及大量心理学研究，因此，还使用了 entrepreneurial psychology 和 entrepreneurship psychology 进行文献检索，共获得400篇文献，排除了重合文献后，共得到125篇相关文献。

其次，限定本书样本文献的期刊来源。英文期刊方面，由于管理学领域与心理学领域都涉及了创业情绪的研究，因此，本书在期刊的选择上以管理学与心理学领域的核心期刊为主，如 AMR、ASQ、AMJ、SMJ、JAP、JBV、JMS、ETP等。利用 Histcite 进行统计分析，将通过关键词筛选的125篇文献导入 Histcite 文献分析工具。导入 Histcite 的文献一共来自60个期刊，将这些期刊按照其 LCS 值进行排名，即按照期刊的本地被引次数进行排名，可以快速定位该领域的重要期刊，结合文献内容分析与期刊影响因子分析，共选取32个期刊作为目标期刊，共获得这些重要期刊上的79篇重要外文文献。这样，既能保证文献来源的权威性，又能避免文献数量过少的问题。中文期刊的选择方面，由于国内对创业情绪的研究才刚刚起步，相关的研究文献较少，通过关键词创业情绪、创业激情、创业心理搜索出的相关文献较少，并且其中还有学位论文，因此，本书对创业情绪的研究样本以国外文献为主，仅选择了7篇影响力较大的中文文献作为样本进行分析（包括牛芳等，2011、2012；周静和王冀宁，2013；周小虎等，2014；谢雅萍和陈小燕，2014；刘景江和刘博，2014；张辉华和黄婷婷，2015）。最终本书选定了79篇外文文献样本，加上7篇中文文献，共86篇文献作为本书的全部样本。

2.时间范围

利用 Histcite 进行作图分析，结果如图3-1所示。根据创业情绪文献所绘制的引文时序图（根据导入文献的 LCS 值排序，选择 LCS 值为Top30的文献形成引文时序图），LCS 排名前30的出现在2007—2014年，反映出创业情绪这一研究问题产生的时间并不长。为了不遗漏近期的重要文献，结合 Histcite 的结果，本书的时间范围选定为2007年1月至2016年6月。

图3-1中的纵轴代表发表文献的年代，可以看出，2007年开始出现关于创业情绪研究的文献，随后越来越多的学者开始研究创业情绪这一问题。④号 "The Role of Affect in the Entrepreneurial Process"（Baron，2008）、⑩号 "The Nature and Experience of Entrepreneurial Passion"（Cardon 等 ，2009）、⑪ 号 "How do Feelings Influence Effort? An Empirical Study of Entrepreneurs' Affect and Venture Effort"（Foo 和 Baron，2009）成为创业情绪研究领域经典文献，持续地被后续的研究者引用。

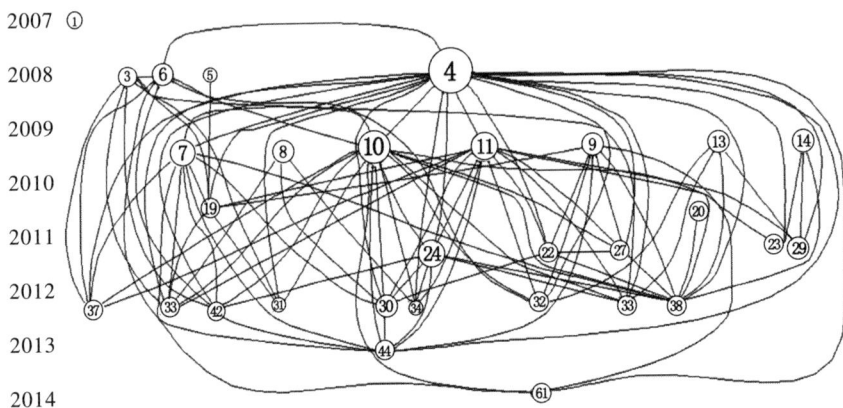

图 3-1 创业情绪引文时序图

㉔号为 2012 年发表的特别期刊的文章 "Exploring the Heart: Entrepreneurial Emotion is a Hot Topic"（Cardon、Foo 和 Shepherd，2012）。该文章奠定了创业情绪研究的学术地位，整理了已有的创业情绪研究文章，辨析了创业情绪的概念，指出了未来创业情绪研究的方向，至此创业情绪正式成为创业研究中的一个重要议题，得到了越来越多的学者的关注。除了引文时序图展示的 30 篇高引用论文之外，2015 年持续出现了较多的关于综述类的创业情绪文献。说明自 2007 年以来，对创业情绪的研究已经形成了一个较为合理的研究体系，学者们开始整理已有的研究，从而形成一个系统完善的创业情绪研究体系。2016 年上半年，学者们对创业情绪的研究仍在持续地进行着。

3.对选取文献的全景式描述

下面拟对创业情绪文献总数、文献被引情况、研究主题、研究方法加以概述。

（1）创业情绪文献总数

如图 3-2 所示，自 Hisrich 等学者将创业情绪概念引入管理学研究以来，相关文献呈现出显著的增长趋势，越来越多的学者从不同的角度对创业情绪进行研究。如前所述，Cardon（2012）等发表的文章奠定了创业情绪研究的学术地位，至此创业情绪正式成为创业研究中的一个重要议题。

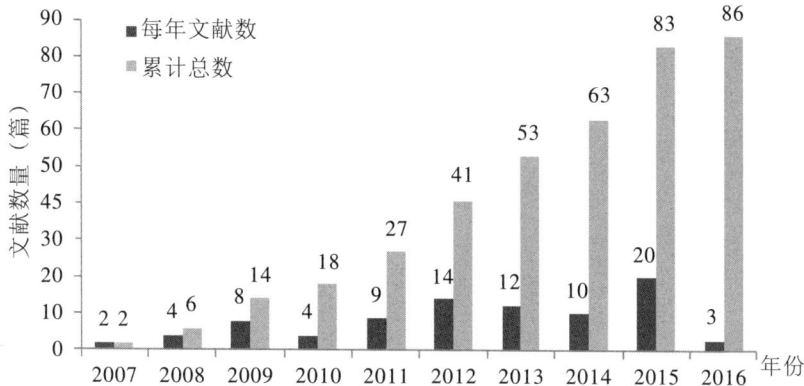

图3-2　创业情绪文献总体描述

资料来源：作者根据相关资料整理而成。

（2）创业情绪文献被引情况

我们通过 Histcite 对文献样本进行 LCS 分析。 LCS 排名第一的文献 "The Role of Affect in the Entrepreneurial Process"（2008）从认知视角阐述情绪对创业过程中创业者的认知和行为产生的影响；LCS 值排名第二的文献 "The Nature and Experience of Entrepreneurial Passion"（2009）从创业身份认同的视角阐述创业激情的本质概念；LCS 值排名第三的文献 "How do Feelings Influence Effort？ An Empirical Study of Entrepreneurs' Affect and Venture Effort"（2009）以情绪等同信息理论为基础，研究了情绪与创业努力之间的关系；LCS 值排名第四的文献 "Entrepreneur Passion and Preparedness in Business Plan Presentations： A Persuasion Analysis of Venture Capitalists' Funding Decisions"（2009）将研究视角向外部转移，阐述了风险投资人感知到的创业者的激情与创业计划演说的准备对资金决策影响；LCS 值排名第五的文献 "Is Passion Contagious？ The Transference of Entrepreneurial Passion to Employees"（2008）同样是将研究视角向外部转移，阐述了激情是如何从创业者转移给员工的。

（3）创业情绪的研究主题

分析文献样本的研究主题，可以了解创业情绪的核心研究问题，把握主流的创业情绪研究趋势。如图3-3所示，创业激情、创业失败、情绪感染、创业意愿、创业学习、创业机会、悲伤、风险感知、创业努力是创业情绪的主要研究主题。关于创业激情的主题，Cardon等（2009）学者探讨了与创业身份认同相关联的创业激情的本质概念的问题，Chen等（2009）研究了投资人感知到的创业激情对其投资决策的影响，Cardon等（2013）对创业激情的概念构建和测量进行了验证，Murnieks等（2014）探讨了创业激情是通过何种途径对创业行为产生影响的。关于创业失败，学者们对创业失败的理解、对创业失败的归因、从创业失败中学习、创业失败后的情绪恢复、失败经验与再创业意愿及企业绩效之间的关系进行研究，对创业失败情境中情绪的研究是创业情绪研究的一个重要的主题。情绪感染是创业情绪研究的一个重要主题，它将对创业情绪的研究视角由创业主体转向了与创业相关的外部视角，研究了投资人、员工感受到的创业情绪对他们的决策和行为会产生怎样的影响。

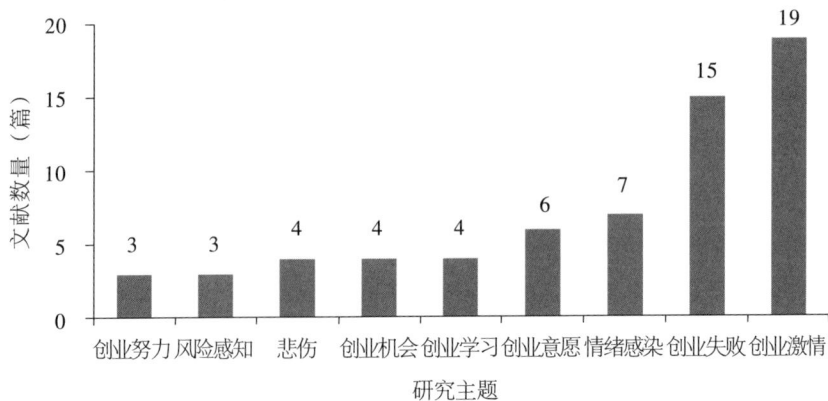

图 3-3　创业情绪研究主题文献数量

资料来源：作者根据相关资料整理而成。

（4）创业情绪研究方法

如图 3-4 所示，学者们早期主要是通过理论研究来对创业进行定性研究，只有少数学者使用案例研究和实证研究的方法，但随着对创业情绪研究的进一步深化，学者们对创业情绪的相关概念、测量方法研究取得一定的学术成果，越来越多的学者对创业情绪开始进行相关的案例研究和实证研究，不断提高对创业情绪相关研究的信度和效度。

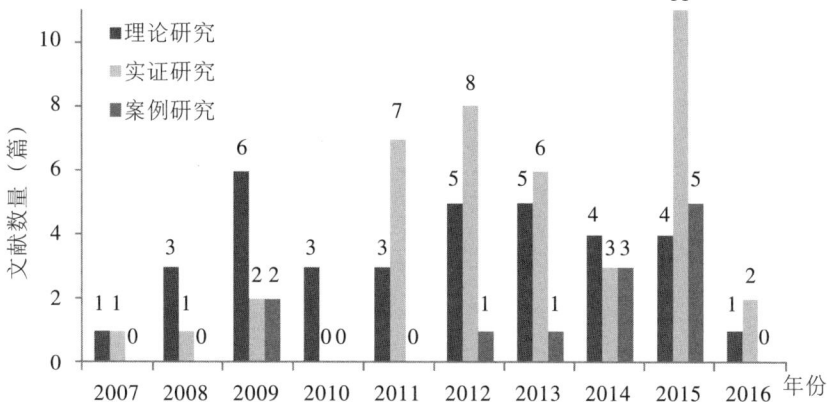

图3-4 创业情绪文献研究方法

资料来源：作者根据相关资料整理而成。

3.1.2 创业情绪：从情感到多样化认知体验

2012年，国际著名的创业杂志《创业理论与实践》（Entrepreneurship Theory and Practice）发表了一期Special Issue，专门对创业情绪这一概念进行了探讨。多年来情绪都是行为科学和心理学中的一个主要研究问题，但在创业管理领域，仅仅发生在近十年。学者们提出，"我们才刚刚开始关注创业情绪中最有趣的问题，更不用说发展理论或采取实证分析来检验这些问题……在这个研究领域中，尚未回答的问题比我们现在已经回答的问题多得多"（Cardon等，2012）。在已有的创业情绪研究中，学者们采用的主要概念和应用的主要方法如表3-1所示。

表3-1　　近十年创业领域中有关情绪、情感的研究文献一览

作　者	采用的概念	概念语义	目标变量	研究类型
Brannback等（2006）	激情	情绪或活力的一种构成	个人爱好	实证研究
Murnieks和Mosakowski（2007）	激情	对某种出色的角色身份的强烈渴望	行为	概念性研究
Huy和Zott（2007）	情绪管理	创业者引发、调整或维持期望的情绪状态的行为	利益相关者	实证研究

续表

作　　者	采用的概念	概念语义	目标变量	研究类型
Souitaris 等（2007）	灵感	头脑中的想法和目标，（创业）冲动的觉醒和创造	启动项目	实证研究
Baron（2008）	情感	感觉、心境和情绪	情景事件/个人的稳定倾向	概念性研究
Cardon（2008）	激情	具有高度张力和积极意义的持久的感受	与个人事业相关的目标	概念性研究
Ma和Tan（2008）	激情	渴望创造伟大事物，形成强烈的社会影响并塑造历史	没有明确的指向	概念性研究
Cardon 等（2009）	激情	创业者在追求目标意义时所展现出的积极情绪	天使投资	实证研究
Chen、Yao和Kotha（2009）	激情	创业者对于其事业怀有的牺牲精神和热爱的态度	个人事业	实证研究
Grichnik 等（2010）	积极/消极情绪	由外部事件带来的情绪变化	机会识别与开发	概念性研究
Biniari（2012）	情绪嵌入	情绪是一种社会性的反应	公司创业	案例研究
Hahn 等（2012）	幸福	积极情感和更大的人生幸福感；活力	个体主动性	实证研究
Welpe 等（2012）	创业情绪	恐惧、喜欢、愤怒等感受	创业开发	实证研究
Melissa 等（2013）	创业激情	对创业者自我身份识别的重要领域的内在的感觉	学习目标、希望	量表开发

续表

作　　者	采用的概念	概念语义	目标变量	研究类型
Rachel等（2014）	消极情绪	在与官方进行经常性的社会互动（类似于政权惯例）时所激发的消极情绪	创业的社会化过程	案例研究
Shepherd 等（2015）	积极/消极情绪	创业者在描述创业失败经历时的感情状态所反映的对失败经历的理解	对创业失败的理解	案例研究
Yasuhiro 等（2015）	内部激励	有过失败经历的创业者重新开办一家企业的内部激励	后续企业的成长	实证研究
Yunxia Zhu（2015）	仁（爱和激情）、情（积极情绪）	在儒家理论"仁义礼"的理论基础上，人会做出符合道德判断的决定	义（正义和公正）、理（合理性）	案例研究

资料来源：根据 Cardon（2009）及相关文献整理。

从表3-1可以看出，目前的研究大部分呈现出向创业过程两端集中的倾向（Foo，2011）。第一，早期集中于特殊的情绪，较为集中地探索激情这一情绪反应对创业活动的影响；后期则沿着更宽泛的种类研究情绪，主要将基本情绪从积极情绪、消极情绪的视角进行分类，并以此分析积极/消极情绪可能对创业活动带来的影响。第二，伴随着对情绪形成机制的深化理解，失败或成功的情绪体验、情绪嵌入等被引入研究，开始侧重于从情绪作用机制角度对情绪进行定义。

前者的一个典型路径就是情绪影响了创业者的认知，而认知又能够影响创业者机会识别和开发的决策（Baron 和 Tang，2011）。例如，情绪可以通过创业者注意力、记忆、创造力等影响创业思维感知，从而形成情绪与创业认知的互动（Hayton 和 Cholakova，2012）。Welpe、Spoerrle、Grichnik 等（2012）进一步从不同情绪的具体作用结果阐述了上述问题，发现创业情绪和创业机会评估一起影响着创业者的创业决定。他们将情绪区分为三种类型：喜悦、恐惧和愤怒。尽管恐惧和愤怒都代表了消极情绪，但其对于创业意愿的影响却不一致。研究结果发现，恐惧情绪会降低创业意愿，而喜悦和愤怒的情绪会提高创业意愿。同时，较高水平的恐惧会减少更高水平的喜悦、愤怒对机会正面评价的影响。这说明，即使在创业成功的概率可以被控制的情况下，主观上对机会的评价和识别在很大程度上也受到情绪的影响。这也说明，主动情绪（approach-oriented emotion）比回避情绪（avoidance-oriented emotion）更能促成创业决策。Podoynitsyna、van der Bij 和 Song（2012）则认为，情绪是混合的，这种混合情绪会通过影响创业者的风险感知来预测创业者的决策。另一部分研究则集中于创业企业生命周期的后期，这条研究主线强调事业中止是一个情绪事件，因为创业者们总是将企业看作自己手把手"哺育"而成的"孩子"，带有极强的个人色彩，在事业中止的过程中，创业者们可能会经历悲伤、沉痛的感情，但也同时在这些体验中学习应对退出策略的方法（Shepherd，2003、2004；Shepherd 和 Cardon，2009）。

正如工作场所中员工的情绪可能会传染一样，创业者或企业家的情绪也可能存在着社会性的作用。从创业团队间的互动关系看，创业团队中的人是不是都兴奋地热衷于创业将影响创业活动的结果（Drnovsek、Cardon 和 Murnieks，2009），团队中的积极情绪和消极情绪都有可能传染给同伴，因此，有些团队在困难时期互相鼓舞士气，而另一些创业团队却最终以分手收场；从企业内部关系互动看，企业家的创业激情会影响员工对企业的承诺（Breugst 等，2012）；从企业间的关系互动看，企业家商业计划的竞标和竞赛活动会引发企业家的情绪传染（Chen 等，2009）；从和外部利益相关者的互动关系看，不同的创业情绪表现也会对天使投资的决策产生连带影响（Cardon、Sudek 和 Mitteness，2009）等。

无论从何种视角进行判定，创业都是创业主体在不确定性条件下对一个可能的创业机会做出判断性决策的行为过程，这个机会可能是需要被识别的，也可能是被创造的。创业过程中不仅包括这些机会，还包括了核心人物对机会的热望（desirability）、对机会可行性的评估以及具体

的机会开发（或重组）的行为（McMullen 和 Sheperd，2006；Shane 和
Venkataraman，2000）。综合已有的研究，总的来看，创业情绪
（entrepreneurial emotion）指的是创业个体或群体在识别/创造、评价、
重构和/或开发一个可能的机会的过程中，在此之前、之中以及之后所
产生的情感、情绪、心情和感受的集合（Cardon 等，2012）。它的特点
是：首先，创业情绪是一个多维概念，创业者往往面临的是混合情绪的
状态，而不是单一类型的心理体验。其次，情绪既可以是状态情绪，以
"诱发"为基础；也可能是特质情绪，趋于稳定的人格特征（Bekker 等，
2003）。对创业者而言，特质情绪将会伴随其创业过程。最后，情绪实
际上是创业者心理资本的构成部分，对创业活动的影响贯穿于机会开发
行为和创业成长的全过程。

3.2　认知过程对创业情绪与决策的影响

　　行为到底受到什么因素的驱动和影响呢？从行为科学的发展来看，
认知主义、行为主义、社会认知理论是目前解释人类行为的三类基本视
角。认知理论的基本观点是把人的心理功能看作信息加工系统。所谓认
知，一般是指认识活动或认识过程，包括信念和信念体系、思维和想
象。具体来说，认知是指一个人对一件事或某对象的看法、对自己的看
法、对人的想法、对环境的和对事的见解等。认知理论原来是建立在格
式塔心理学基础之上的，认知观点强调人类行为的积极的、自主的一
面，运用诸如期望、需求和意愿等概念来解释行为。认知理论的代表人
物之一爱德华·托尔曼（E.C.Tolman）在 1932 年发表的《动物和人的目
的性行为》（Purposive Behavior of Animals and Men）中提出，行为是适
宜的分析单位，但是行为是有目的的，是指向一个目标的。行为作为显
见（molar）的行为是可以被理解的，是根据环境中的目标和导致这一
目标的手段之间的关系的认知而来的。在这一架构下，认知先于行为，
构成人的思维、知觉、问题解决、信息加工的输入（Luthans，2005）。
部分个人认知理论认为图式（schema）是解释认知对于行为的关键（例
如，康德认为图式是"潜藏在人类心灵深处的"一种技术、一种技巧，

在康德那里，图式是一种先验的范畴）。

与认知主义一直存在争论的是行为主义。它更强调可观察的行为的重要性，而不是心理学家们所关注的难以捉摸的意识。例如，巴甫洛夫的经典条件反射理论和斯金纳的操作条件反射理论，后者认为行为是结果的函数，在行为后给出令人满意的结果会增加这种行为的频率。或者说，从以往行为中，个体可以习得并调整对下一阶段行为的认知反应。不过，学者们也指出，一个认知概念，并不是仅反映一种对当前意识内容的猜想，它也是一个描述行为的术语，也就是说，认知主义和行为主义理论并不是完全对立的，它们各自都包含了一部分对方的观点。

人类活动的实践表明，不同环境和条件下的行为各具特色，创业活动也是如此。这既包括了个体的意向和期望、自我规制、自我反思和自我追求的影响，也包括了社会结构、环境、网络等的影响。人们既是社会中的生产者，也是社会体系的产品（Bandura，2001）。社会认知理论试图将行为主义与认知主义进行整合，它主张行为可以依据认知、行为与环境决定因素之间的持续交互作用而得到最佳的解释。班杜拉指出："在很大程度上，正是通过自己的行动，人们引发了环境条件，这些条件又以交互的方式影响人的行为。由行为产生的经验也部分决定了一个人成为什么样的人、做什么事，而这一切又反过来影响后续的行为。"班杜拉通过社会学习理论发展完善了社会认知理论（social cognitive theory，SCT）。社会认知理论承认行为所对应的结果的重要性，但也接纳自我调节的认知过程。"社会"部分承认大量人们思想和行为的社会根源，"认知"部分则承认思想过程对人们动机、态度和行为的影响作用。

正是因为行为可以依据认知、行为与环境决定因素之间的持续交互作用而得到最佳解释，社会学习理论由此而生。在创业的不确定性情境中，创业者的学习过程就不仅仅是依靠个体知觉的体验学习过程，而是包含了更广泛的观察、模仿、调整试错等社会学习的过程（陈文婷，2010、2011、2013）。Huber（1991）指出，学习是一个实际发生的信息获知的过程，它是一个广义认知的改变，这种改变是很难观察和量化的（Gibbs，1995；Marsick 和 Wartkins，1990）。甚至有学者提出，能够提升系统适应环境能力的任何变化都可以称之为学习，比如从以往的经验中习得的任何变化（Simon，1986）。学习是进化过程中多样性产生的一个机制，甚至可能构成进化过程中选择机制的一个要素。解决情景和应用型的问题是创业研究的目的，这一思想也渗透到创业背景下学习过程的研究中。创业强调人们在创业实践活动中亲自体验创业过程中的关键问题，尝试、检验自己的创新想法和思路，因此 Eliassno 称创业者为"试验型管理者"。这些创业者要将各种能力整合起来，需要经历认知、创造、扩散的环节，最后在创业中构建能力并成功运用（丁岳枫，2006）。Rae 和 Carswell（2000）提出，企业家或创业者个体的创业学习就是学习以创业的方式工作。在创业学习的过程当中，知、行、意是相互联系的。人们思考着"我能够成为什么样的人？"这样的问题，不断地学习，以验证自己的回答。按照他们"希望成为的人物"的样子，创造着自己的故事。创业学习不仅来自内省和基于经验，而且是一个未来导向的创造预期现实的思维过程。综合来看，创业学习是指创业者通过学习来提高创业能力的一种行为。其中，学习的主体是创业者个体（或准创业者），客体是准创业者的知、行、意方面的模式。创业学习的环境是指个体的生活和职业环境，尤其是创业以前。有关创业学习的研究分为个体层面和组织层面，前者包括学习途径、学习效能和学习过程等方面的研究，而后者则主要是强调创业组织在不确定环境中通过学习和创新行为提高适应性的研究。

学者们普遍认同的是，经验是创业学习的主要组成部分。从直接的亲身参与进行学习（learning from direct participation）和从他人的经验中进行学习（learning from the experiences of others）（Huber，1991；Levitt和 March，1988）使得创业者从学习中获取了如何获得、配置信息等资源的知识。很显然，创业者并不是各自独立的，他们获得、拥有信息是一个复杂过程的结果，这个过程包括了相互观察、复制以及试验等行为，以提高他们在某种特定环境下的行动自信以及决策的效率与正确性（Lévesque、Minniti 和 Shepherd，2009）。

这种经验的积累包含着企业家的心理体验和心理活动过程。Ravasi和 Turati（2005）通过案例研究，剖析了成功的创业者和不成功的创业者在心理影响因素方面的差异。研究发现，四个心理因素会贯穿于创业者的学习过程的始终。这四个心理因素是：感知到的因果模糊性、相关的经验基础、对过程的控制程度以及感知到的回报不确定性，这些心理因素之间也存在相互作用关系。Ravasi 和 Turati 认为，感知到的因果模糊性是区别两类创业者的关键心理变量。因果模糊是指明了、理解现象背后因果关系的程度（Orton 和 Weick，1988）。Orton 和 Weick 认为，因果模糊性对于创业等非常规决策非常重要。一般而言，当创业者开始启动一项新任务的时候，个体会寻求减低这种因果模糊性，也就意味着，他们对任务和环境的理解从简单变得复杂了。那么，通过探索和试验就能够降低创业者感知的因果模糊性，就能够更好地对任务过程进行控制。这可以通过一个积极的学习环路加以实现。相关的经验基础越多，对于特定现象的理解越清晰，那么就可以降低个体所感知的因果模糊性。此外，知识积累越多，对任务过程进行控制的能力就越强。低水平的过程控制会导致创业者在判断回报的价值中自信心逐步降低，进一步降低了创业者对创业项目的承诺水平。上述研究模型其实反映了创业者在创业决策中具有自我强化的调节机制，从而从心理层面对创业效果产生影响。

Krueger（1993）、Palich 和 Bagby（1995）以及 Busenitz 和 Barney（1997）等学者已经指出，创业者和管理者的根本区别就在于他们比管理者更加善用决策偏差和探试方式，这并不是因为前者具有什么神秘的特质，而是他们对环境（特别是风险和机会）的认知和判断与后者有着本质的区别。由于创业情境中因果模糊的典型特征，Read 和 Sarasvathy（2005）提出用因果倒置模型来进行创业决策。因果倒置是指创业者只能根据情况的变化而采取相应的措施，而不能根据既定的目标采取行动。因此，创业者会感知可承受的损失、利用偶发事件、处理战略伙伴关系，这都需要情感发挥作用。Baron（2008）指出，除了环境的难以预测外，创业者在创业活动上投入的大量时间、精力和努力，甚至是个体财富与自尊，具有很大成本。从心理学上看，这促成了创业中情感的激发和暗示功能，进而创业者将情绪转换为一种"心理资本"。

创业情绪作为一种不同于人力资本、社会资本的"心理资本"，能够影响创业者认知判断的能力。首先，积极情绪能够帮助创业者形成更高的期望、承诺与自我效能；消极情绪则会降低个体获取、记忆以往关键信息的能力并试图排斥或遗忘（Hogan、Greenfield 和 Schmidt，2001），还可能更进一步地降低个体的情感承诺水平（Shepherd，2011）。对过往的追溯会不可避免地形成创业者的反事实思维（Roese，1997）。Baron（2000）研究发现，由反事实思维造成的许多负面情绪会严重影响个体判断时的感知，从而导致个体更倾向于得出消极结论。Kahneman 和 Lovallo（1993）的研究也发现，创业者更乐意根据自己对当下和未来的分析来做出判断，而忽略一些过去事件所产生的后果，往往表现出并不是很有依据的乐观情绪。类似地，Foo 等（2009）的研究结果表明，消极情绪将会使创业者更关注现时问题与能力，而积极情绪会为创业者带来积极预期，因此对现时问题不敏感，而是更多地关注未来。其次，与其他人相比，创业者更容易产生过度乐观、过度自信和控制错觉等情绪，因此不太拘泥于过去。最后，创业者在遭遇挫折和失败后，更倾向于保持坚持不懈的积极乐观态度，而且总能很快又投入到日复一日的忙碌之中。类似的其他一些研究则通过自我效能感来说明认知对于个体心理和感受的影响。例如，Markman 等（2005）的研究发现，个体获取创业资源的成本各不相同，承受失败的能力大相径庭，毅力也千差万别。顽强的创业者根本无暇去考虑那些令承受能力差的个体追悔莫及的事情。因为顽强的创业者会反思一些他们经历过的不同事件（或许在这个过程中还会产生不同程度的后悔情绪），而他们的自我效能感则会得到不断增强。Markman 等（2005）将这一思维逻辑称为"反向共现"。

据此，Gaglio（2004）等学者认为，相对于不善于发现机会的人，创业者会进行主动思维，而不是事后简单地表现为后悔或者庆幸。对于创业者来说，通过对现有事实的反思和心理模拟，能够帮助他们形成新的情绪感知，进而把一些能够改变现状的可能举措与各种可能结果联系起来，因而有助于他们历练自己的认知能力。在识别机会过程中，创业者如果能够善用情绪智能，通过心理模拟清晰地了解各种复杂因素与各种可能结果之间的关系，就能在不同的商业环境中有效地识别机会，甚至创造有利于机会产生的条件，最终捕捉住机会。

3.3 创业情绪与创业行为的互动路径

目前，创业者层面的创业情绪研究大部分呈现出向创业过程两端集中的倾向（Foo，2011）。前者的一个典型路径就是情绪影响了创业者的认知，而认知又能够影响创业者机会识别和开发的决策（Baron和Tang，2011）。例如，情绪可以通过创业者注意力、记忆、创造力等影响创业思维感知，从而形成情绪与创业认知的互动（Hayton和Cholakova，2012；Podoynitsyna等，2012）。另一部分研究则集中于创业企业生命周期的后期，这条研究主线强调事业中止是一个情绪事件，因为创业者们总是将企业视作自己手把手"哺育"而成的"孩子"，带有极强的个人色彩，在事业中止的过程中，创业者们可能会经历悲伤、沉痛的感情，但也同时在这体验中学习应对退出策略的方法（Shepherd，2003，2009；Shepherd等，2009）。这些基于生命周期的研究反映出创业情绪与创业行动的逻辑关系并不是单一指向的，情绪与行为谁先产生并不可一概而论，二者的双向互动需要从创业行为本身形成的驱动机制来进行剖析。

根据Timmons（1999）的研究，创业过程包含了三个关键的要素：创业者/创业团队、创业机会与资源。创业活动的实现首先需要创业者具备识别机会和判断机会价值的能力，其次通过调动资源将机会予以开发，最终实现企业创建的过程。机会反映了一种关于新产品、新服务或新市场等的价值状态，这些价值可以通过新手段进行开发，也可以通过赋予这些产品、市场等新的意义加以创造（Eckhardt和Shane，2003）。从机会被发现（或被创造）到产生具体的机会开发行为，创业者的情绪都是高度浸入其中的。根据社会认知主义的观点，创业主体与创业客体的互动既不完全是个体认知主义的，也不完全是行为主义的，而是由个体认知和行为塑造混合构成的相互影响、互为因果的动态变化的、社会性嵌入的状态。经验观察同样表明，一些创业者对其事业表现出更为积极的投入和更富有激情的行为，而另一些创业者则冷静得多；一些创业成功的创业者会产生极强的自信心，而另一些却带来更大的焦虑感；一些经历过失败的创业者能够快速学习、调整并形成更有效的创业计划，而另一些则在消沉失意中退出创业活动。进一步探索发现，当创业者将其创业活动中的失败事件或成功事件进行不同归因的时候，这些归因要素会对其积极或消极情绪、主动或被动行为塑造产生差异化影响。上述理论演进和现实观察的结果都说明，创业情绪对创业活动的影响不仅仅是基于个体自我认知的单一指向的影响，还应该包含更为广泛的社会认知和从行动中学习的要素，如图3-5所示。

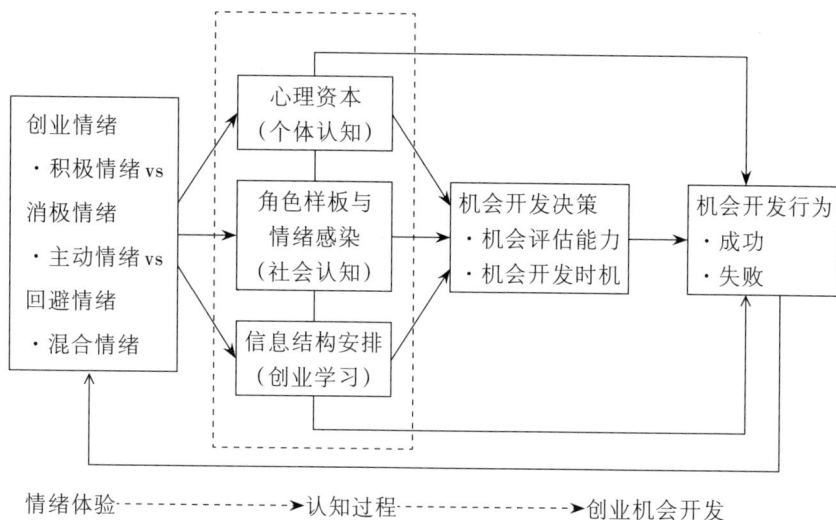

图3-5 情绪-行为互动路径

3.3.1 个体认知路径

如前所述，在不确定的情境下，善于采用不同的决策偏差和试探方式是创业者比管理者更加快速地进行决策、捕捉机会的原因之一（Palich 和 Bagby，1995；Busenitz 和 Barney，1997）。在感知可承受的损失、利用偶发事件、处理战略伙伴关系的过程中，创业者投入了大量的物质成本（如金钱）和非物质成本（如时间、精力、自尊等），这导致他们的情感体验高度地贯穿于整个创业活动中。通过从心理上不断激发自我成就的潜在动力，创业者在持续的积极情绪中可以形成"自我暗示"效应，形成高水平的自我效能感，这些都有利于创业活动的成功实施。同时，这些积极情感也变为一种"心理资本"伴随创业者终身。因此，分析创业情绪的基本层次是创业者个体。

3.3.2 社会认知路径

创业情绪不但会影响创业者自身的自我效能或判断能力，同样会对他人的动机产生影响，同时，也会受到他人情绪的感染和作用。这其实体现了情绪的社会性认知作用，持有高度创业激情和积极情绪的创业者容易被他人视为角色样板/榜样，创业者也会不断地寻求能够帮助自己建立信心、克服困难的积极榜样，形成有效的心理依托，这些也会对创业者评估机会、开发机会造成影响。甚至可以预计，这种由模仿、榜样作用带来的机会开发的结果是具有差异性的。例如，被视为榜样而产生的过度自信、模仿成功创业者而产生的不切实际的乐观主义甚至可能会造成创业者的冲动型创业和非生产性企业家精神（李胜文等，2011）。

3.3.3 创业学习路径

从社会认知的角度看，认知、行为与环境的互动意味着在创业的不确定性情境中，创业者不仅要依靠个体认知进行自我调整，也要通过更广泛的观察、模仿、调整试错等学习过程来形成更好的行为决策依据。创业情绪在这一路径中的作用，主要体现于情绪对创业者的知识安排的影响上：首先，创业者情绪体验决定了特定情境中的信息选择（Baron，2008），也就是说，情绪形成了一种过滤机制，会选择与情绪感受相一致的主要信息进入创业者的长期存储系统中；其次，情绪决定了对以往记忆中关键信息的唤起，也就是所谓的心境依存记忆（mood dependent memory）（Baddeley，1990）。因此，这些信息构成的不同知识安排将会对创业者的创业决策和机会开发活动产生影响。这导致行为反过来可能会形成"情绪的习得性"。明确了上述三个方面的情绪-行为互动路径，有助于研究者们未来进一步深入挖掘由情绪性权衡所支配的行为所引发的截然不同的应对行为（古若雷和罗跃嘉，2012）：（1）以问题为焦点的应对；（2）以情绪为焦点的应对。以问题为焦点的应对将引发创业者关注行为的正确性，因此，可以预计，创业者会在机会开发和创业过程中更多借助社会认知和外部学习产生多样化知识结构，以克服自身创业不足。而以情绪为焦点的应对则会引发创业者将自己与有压力的情境隔离，此时其认知过程将更趋向于提升自身效能或心理资本，进而影响其机会评估能力。因此，创业情绪的整合作用框架并不仅限于创业者个体的情绪机能如何，还会更加广泛地扩散及延伸到人际与组织层面的要素中去。

4 个体、人际与组织层面的创业情绪研究

在创业个体层面上，创业情绪的研究主要包含三条主线：一是身份认同、创业者自我效能感、个体经历对创业情绪的影响机制的研究；二是创业情绪对创业意愿、创业机会、创业失败的理解的作用机制研究；三是与其他层次相似，这些作用机制也受到任务复杂性、社会环境、文化等情境因素的影响作用。

4.1 创业情绪生成的个体要素

首先，就个体角度而言，创业情绪对创业者最大的影响来自情绪对其自信、能力感的塑造，也就是心理资本。这种不同于人力资本和社会资本的"心理资本"，能够影响创业者认知判断的能力。积极情绪能够帮助创业者形成更高的期望、承诺与自我效能感；消极情绪则会降低个体获取、记忆以往关键信息的能力并试图排斥或遗忘（Hogan 等，2001），还可能更进一步地减消个体的情感承诺（Shepherd，2011）。对

过往的追溯会不可避免地形成创业者的反事实思维（Roese，1997），Baron（2000）研究发现，由反事实思维造成的许多负面情绪会严重影响个体判断时的感知，从而导致个体更倾向于得出消极结论。Kahneman 和 Lovallo（1993）的研究也发现，创业者更乐意根据自己对当下和未来的分析来做出判断，而忽略一些过去事件所产生的后果，往往表现出并不是很有依据的乐观情绪。类似地，Foo 等（2009）的研究结果表明，消极情绪将会使创业者更关注现时问题与能力，而积极情绪会为创业者带来积极预期，对现时问题不敏感，而更多的是关注未来。其次，与其他人相比，创业者更容易产生过度乐观、过度自信和控制错觉等情绪，从而不太拘泥于过去。这种情绪产生的机制可以通过两类因素来解释：一是诸如创业者身份认同、自我效能感等自我理解与认知带来的结果；二是由创业者个体经历所导致的习得结果。

4.1.1 身份认同的作用

身份认同是建立在个人在社会架构中的对于社会角色谈判的意义之上的（Stryker，1980），扮演一个角色以及制造相应的身份认同是一个环境嵌入性的过程。身份认同反映出个体对于自己作为创业者角色的自我理解，表现为创业活动的一个行为规范（Murnieks 等，2012），当个体意识到自己作为创业者角色比其他角色更重要时，他会将精力集中于创业者这个角色并努力实现该角色（Farmer 等，2011）。这一过程将会受到个体世界观，以及与创业者角色相关的、与环境相互作用的创业者角色谈判感知的影响（Down 和 Reveley，2004；Wry 等，2011）。个体参与创业的进入方式不同，其情绪状态也存在差异：当创业者认为创业是其实现职业目标的积极途径时，形成的创业身份认同使得创业者更可能积极地参与，形成与期望相同的发展，体验到更多的类似于激动、激情、愉快等与新职业方向相关的积极情绪；相反，当创业者是被动地被推入到创业之中（例如，为了生存不得不去创业）时，成为创业者可能有很多不甘心的感受，如并不能实现他们的职业及生活的发展期望，会存在很大的风险，感知到更多的与现在的状态相关的，类似于焦虑、恐惧、挫折等消极的情绪（Schjoedt 和 Shaver，2007）。因此，创业者身份认同是受个体世界观影响的与创业者角色相关的、与环境相互作用的创业者角色谈判感知，同时受到创业进入方式的影响。

4.1.2 自我效能感的作用

自我效能感通过支持有效的行动过程来改变其情绪可能性的方式，在面临可能的危险、不幸、灾难等厌恶性情境条件时，自我效能感决定了个体的应激状态、焦虑反应和抑郁的程度等情绪状态，从而影响行为。例如，Markman 等（2005）的研究发现，个体获取创业资源的成本各不相同，承受失败的能力大相径庭，毅力也千差万别。顽强的创业者根本无暇去考虑那些令承受能力差的个体追悔莫及的事情。因为顽强的创业者会反思一些他们经历过的不同事件（或许在这个过程中还会产生不同程度的后悔情绪），而他们的自我效能感则会得到不断增强。Markman 等（2005）将这一思维逻辑称为"反向共现"（adverse co-occurrence）。

4.1.3 个体经验的作用

对个体来说，经验是真实的、明显的、即时的、可见的、主观解释的变量（Desjarlais，1997），先前的经验能够影响面对项目时的情感反应，感到沮丧、压力或者其他反应将会受到个人经验背景的调节（Baron，2008）。事实上创业的体验是饱含了情绪活力的，对创业者个体相关经验的研究模型和模型的建立与企业之前的经历、主要事件、体验过程、学习、情绪结果和决策制定有关。尤其是对于那些经历较为丰富的连续型创业者，他们拥有更高的成功率，拥有某一特殊项目的经历，拥有更好的理解能力，而初生型创业者将某一项目放入适合的情境中的能力较弱（Mitchell等，2007）。在理解项目的时候，更多的专业知识能够引起对认知处理模型更多的依赖，和对职业更有效的解释（Politis，2005；Sarasvathy，2001）。正如 Bird（1997）指出的，时间动态是创业的核心，在创业企业的周期性发展过程中，充满了创业者不同时期的多样经历（Dew 和 Sarasvathy，2007；Lichtenstein 等，2007）。当它们引发了广泛的感受和情绪时，这些活动就可能呈现出高水平的情绪。因此，经验过程是一个超越了理性思维的过程，涉及了个体在面对多样的、多层次的、众多的活动和发展时所产生的情绪、冲动、生理反应（Cardon 等，2009），并且在持续进行的过程中所产生的结果将会影响创业者的情绪状态，这些反过来又会影响决策的制定（Baron，2008）。研究发现，经验处理的过程中会明显地伴随着情绪的产生（如Feldman，1995），经验能够感受和产生情绪反应。

4.2　创业情绪影响的个体结果

创业活动包含了从创业意愿产生，到创业机会的识别、评估、开发，再到创业成功或失败的过程，而创业者的情绪体验是高度贯穿其中的。

4.2.1　创业情绪对创业意愿的影响

创业意愿是从创业想法到创业行为的一个重要的中间环节（Dimov，2007）。然而，创业意愿并不是只考虑打算创办一家企业或成为创业者（Bird，1988；Krueger，2007），创业意愿还需要考虑如何采取行动来减少不确定性以增加创业意愿的准确性、可取性和可行性（Dimov 等，2006），而这些考虑都会受到情绪的影响。大部分研究认为，积极情绪对于形成创业意愿更有效。创业者在积极情绪状态与消极情绪状态下感知的创业意愿是有差异的，积极情绪能够唤醒更多的记忆，使得更多的信息和想法融入创业意愿中，减少对不确定性的感知（Hayton 和 Cholakova，2012）。但情绪与意愿的关系还要进一步受到学习导向、工作热情、自我控制等因素的调节（Clercq，2013；Gelderen，2015）。所以，在积极情绪状态下，创业意愿会更强；而在消极情绪状态下，会唤醒更多与消极情绪相关的信息，例如对创业失败的恐惧，将会降低创业意愿。

4.2.2　创业情绪对机会识别、评估与开发的影响

有限的理性人的假设展示了情绪将导致认知偏差的产生。一般情况

下人们总是在一定的框架内解决、思考问题，也总是被一定的框架所局限，情绪是一种进行评价和判断的线索，很难将潜在情绪对判断目标的影响剥离出来。创业机会识别、评估、开发作为创业过程中重要的一个阶段，在高不确定性及高参与性的创业环境中，情绪对创业机会相关决策的作用机制会特别明显，个体会把感受作为行动的重要线索，情绪会对他们的行动起到决定性的作用。情绪等同信息理论认为，情绪能够给人们提供启发式线索（Bless，2001；Clore等，2001；Martin，2001；Schwarz，2001）。因此，情绪可以提供推测对特殊项目或刺激物反应的额外信息（Schwarz和Clore，2003），积极情绪显示了对事物没有疑虑的状态，能够激发更宽松、更广泛、更多维、更少机械性的思维（Isen，2001）；消极情绪显示了一个存在问题的环境，促使人们采取更系统的思维方式解决问题（Schwarz和Clore，2003）。不过，在"情绪维持"的动机下（Isen和Patrick，1983），积极情绪状态中的个体尝试维持积极情绪状态，或者改变消极的状态，积极情绪状态的个体更多地将环境评价为有较少的问题的状态，会减少投入努力和资源来解决问题的意愿；而在消极情绪状态中，个体会采用问题解决的行为来改变当前状态，会更努力地解决问题以改变当前的消极状态。这一理论假说能够很好地解释为什么在高水平的积极情绪状态下，创业者反而不能很好地完成与创业绩效相关的任务，如机会识别与创造、决策制定和计划（Ucbasaran等，2010）。

因此，在创业的不同阶段，情绪的作用可能是有差异的（Welpe等，2010）。但无论如何，人会根据自己的情绪从记忆中提取与情绪效价相一致的信息，会对评估过程产生基础的影响（Baron，2008）。据此，Gaglio（2004）等学者认为，相对于不善于发现机会的人，创业者会进行主动的事前思考，而不是事后简单地表现为后悔或者庆幸。对于创业者来说，通过对现有事实的反思和心理模拟，能够帮助他们形成新的情绪感知，进而把一些能够改变现状的可能举措与各种可能结果联系起来，因而有助于他们历练自己的认知能力。在识别机会过程中，创业者如果能够善用情绪智能，通过心理模拟清晰地了解各种复杂因素与各种可能结果之间的关系，那么就能在不同的商业环境中有效地识别机会，甚至创造有利于机会产生的条件，最终捕捉住机会。

4.2.3 创业情绪对创业失败的解释

创业者在遭遇挫折和失败后，有人一蹶不振，而有人从不气馁。研究发现不同情绪状态的创业者对失败的经历（打击）的理解存在很大差异。高水平的负面情绪会对失败形成更强的刺激，导致创业者一蹶不振，而高水平的积极情绪能够使创业者更积极地去进行认知，促进和激励对于失败项目的反思；另外情感集中处理机制能够帮助处理消极情绪，并且理解也受到集中关注失败项目认知策略的促进作用，被自我反省所促进（Byrne 和 Shepherd，2015）。因此，不同的情绪状态会使创业者在面对失败时采取不同的认知策略，对创业失败的理解产生差异。

4.3 创业情绪生成的人际与组织要素

正如工作场所中员工的情绪可能会传染一样，创业者或企业家的情绪也可能存在着社会性的作用。从创业团队间的互动关系看，创业团队中的人是不是都兴奋地热衷于创业？这将会影响创业活动的结果（Drnovsek 等，2009），团队中的积极情绪和消极情绪都有可能传染给同伴，因此，有些团队在困难时期互相鼓舞士气，而另一些创业团队却最终以分手收场。从企业内部的关系互动看，企业家的创业激情会影响员工对企业的承诺（Domurath 等，2012）。从企业间的关系互动看，企业家商业计划的竞标和竞赛活动会引发企业家的情绪传染（Chen 等，2009）。从和外部利益相关者的互动关系看，不同的创业情绪表现也会对天使投资人的决策产生连带影响（Cardon 等，2009）等。

创业社会中的人际关系互动是一个复杂的过程，创业社会中的各个群体都会对创业情绪产生相应的影响。当创业活动需要和相关社会组织与机构产生作用时，复杂情绪应运而生。Doern 和 Goss（2013）发现来自银行和其他金融机构对企业信用的较好评级，与本国和当地其他企业的合作管理实践，都会提升企业的地位感，带给创业者更多自信、乐观的情绪感受。而如果创业活动需要大量地和官僚机构打交道，创业者会消耗大量的本应用于企业发展的时间和努力，这可能使得创业者产生愤怒感、无助感，消耗了本应用于企业发展的情绪能量和物质资源，削弱了创业意向，阻碍了企业的发展。

不过，上述政府组织、金融机构或其他社会组织对创业情绪的作用会受到诸如公司文化、环境稳定性等情境因素的调节。

4.4　创业情绪在人际与组织层面的影响结果

4.4.1　创业情绪对员工的影响

人们在进行互动时的情绪以及展示情绪会对其他人的行为产生重要的影响（Hochschild，1983）。在创业社会网络中，创业者与员工进行着频繁、直接的互动联系，创业者在互动中所展示的情绪必定会影响员工行为（Anderson 等，2002；Ensley 等，2006）。情绪感染理论（Epstude 和 Mussweiler，2009）解释了在社会比较过程中，创业者展现的积极情绪能够激发员工产生适合或不适合的情绪反应。目标设定理论（Colbert 和 Witt，2009；Locke 等，1994）则显示，感知到的创业者的激情能够提高员工的目标明确性，但是，创业激情的作用取决于员工与监管者共享目标和价值的程度（Haslam 和 Platow，2001）。Shepherd（2008）根据情绪感染理论探讨企业管理者展现出的创业情绪对员工创业意愿的影响，管理者对项目的信心和满意度将提升员工创业意愿，管理者展示的无奈、担心、困惑，将降低员工创业意愿。员工对企业的承诺对于企业的成功有重要作用（Baron 和 Hannan，2002），员工如果能够感知到创业者的激情，他们也会更好地形成对企业的承诺和认同（Breugs 等，2011）。因此，创业者能够通过情绪智能及情绪展示控制能力实现对员工工作情绪及动机的影响。

4.4.2　创业情绪对风险投资者的影响

在创业社会网络中，风险投资者是创业的重要参与者，风险投资者的投资决策将对创业产生重要的影响，因此，创业者与风险投资者进行的相关互动具有重要的研究价值。与创业者相同，风险投资者也是有限理性的人，其相关的投资决策也会受到情绪的影响。创业情绪会以创业者的准备来影响投资人，创业者展示的行为、方式、风格将会影响评判者对科技价值、公司商业潜力、管理团队能力的评估。实际上，感知到的创业激情、创业准备、持续的关注、展现方式的吸引力都会对评估产生影响（Chen等，2009），这一点在从经理人转型的创业者身上更为明显，而在科学家和工程师出身的创业者身上则相对弱化（Galbraith等，2014）。反之，投资人的个体特征也会影响创业者的情绪感受，并进一步改变对创业项目的潜力评价（Cardon等，2012）。因此，创业者所展现的激情对于风险投资者的投资决策会产生至少三方面的影响：第一，当风险投资者感知到更多的创业激情时，会对创业项目进行更高水平的评价；第二，当创业者做了更多的创业展示准备时，能够更好地呈现创业计划，将提高风险投资者对创业激情的感知；第三，当风险投资者更凭感觉，或者具有更高的开放性性格，或者其偏好是鼓励创业，或者自己是创业实践者时，则更容易感知到创业激情。

4.4.3 创业情绪对行业联盟的影响

创业是一项不确定性极高的活动，而创业社会网络又极为复杂，因此，与同行业企业形成联盟能够提高企业的竞争力。在以往的研究中，学者更多地直接强调激情与绩效之间的关系，或者提出个人特征（如个人动机、目标、认知）将会调节这一机制（Cardon等，2009；Ho等，2011；Murnieks等，2012），而2014年之后的研究则将视角由创业者本人转向了创业网络。通过对网络行为的考察，研究发现拥有适度激情的创业者，在创业网络中，会采取主动机制（即他们更倾向于与成员讨论工作问题），拥有更高水平的中心外延度，从而提升了他们从同行中获取的同行推荐，最终获得收入；拥有过度激情的创业者，在创业网络中，会采取防御的机制，拥有较低水平的中心性（即他们不太喜欢与同行接触），获得较少同行推荐的利益和更少企业收入（Pollack等，2014）。这说明创业情绪的社会认知作用不仅仅存在于创业团队里，还在更大范围上渗入创业网络的发展、创业资源的获取，直至财务绩效的提升。

4.4.4 创业情绪对企业绩效的影响

情绪会通过认知、记忆等途径对创业决策产生影响，在不同的情绪状态下创业者的创业能力是有差异的。如前所述，一方面，个人高水平的乐观情绪能够提高形成联盟、提升友谊的能力（Fredrickson，2001），提高对长久的强压的抵抗能力（Tugade 和 Fredrickson，2004），增强面对困难时的毅力（Markman 等，2005），提高发展广泛社交网络的能力（Greve 和 Salaff，2003）；另一方面，个人高水平的乐观情绪会造成个人不切实际的预期、承受过度自信的磨难、忽视消极的信息对创业者的决策制定和判断产生的干扰（Segerstrom 和 Solberg，2006）。Baron（2009）的研究显示，创业者的乐观水平与新创企业绩效有时候反而是负相关的，而且这种负相关关系受到创业者经验和环境动态性调节。这使得在企业绩效这一结果变量上，现有研究对于创业情绪的作用效果并没有达成一致结论。这也说明，创业是高度情境嵌入性的活动，交织了情绪后会更为复杂。

无论是纯粹的理性决策抑或是认知驱动，情绪都反映了创业者对创业活动相关方和外部环境的体验与活动。因此，环境的动态性、组织与社会文化，甚至各项目本身的复杂性都会对上述创业情绪的作用机制产生调节作用。例如，Ireland 和 Webb（2007）指出相较于稳定的环境中，动态的环境中创新对于企业更为重要，因此，在高水平动态环境中它们之间的关系会更显著，这也会对创业者的情绪反应及情绪智能控制提出更高要求。而我国学者周小虎（2013）曾以马云及其创业历程作为研究样本，得出以下结论：企业家的积极情绪对创业认知的三个脚本——安排脚本、意愿脚本和能力脚本都有正向的作用，创业任务复杂性为二者的调节变量，即在简单任务中，积极情绪对认知的促进作用要大于复杂任务条件下的作用。这些研究，为创业情绪的深化开拓了新的领域，也是对创业理论的丰富与完善。

上述在近十年涌现出的研究，一方面打开了创业情绪研究的更广阔的视野，另一方面也提示研究者们，创业情绪并不总是天然而生的，其形成过程中包含了许多习得和观察的成分，因此，对创业者和企业家而言，情绪智能的建设无论是在理论中还是在实践中都非常重要。

4.5 跨层次的整合框架与主题涌现

本书通过对创业个体层面、创业人际关系层面、创业公司层面的创业情绪研究进行梳理，发现各个层面的创业情绪研究有各自不同的侧重点，同时，各层面的创业情绪并不是相互孤立而是相互联系、相互影响的。根据对已有文献的整理，本书构建出创业情绪的整合研究框架，如图4-1所示。

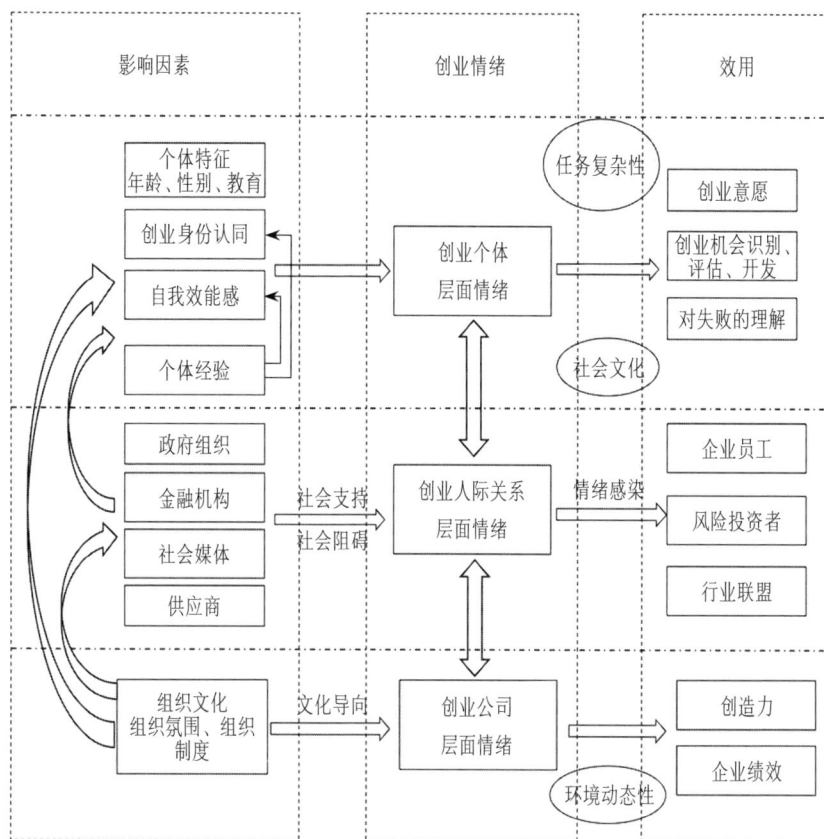

图4-1 创业情绪整合研究框架

从创业情绪的研究主题来看，创业情绪的研究集中在创业激情、创业失败、情绪感染三个主题上。情绪的种类有很多，在创业情绪研究中，激情、恐惧、悲伤、自信是出现频率最高的情绪类型，其中对激情与创业的研究最多，激情被认为是区分创业者和非创业者的核心情绪类型，特别是在 Cardon 等（2013）进行了对创业激情的量表开发研究后，更多的学者从各个角度、使用各种研究方法，对激情与创业的关系进行阐述。

创业失败是创业情绪研究的另一个主题，学者们主要从创业失败所引起的悲伤情绪对创业所产生的影响进行研究，很多情况下，创业者会放慢创业项目的终止速度（Shepherd 等，2009），以帮助平衡创业失败的情感成本。而对创业失败的理解和归因分析，将影响创业者是否能从失败中学习到相关经验，促进自我反省（Byrne 等，2015），创业者对先前失败经历的内部归因分析可能会促进其后续企业的成长（Yamakawa 等，2015）。这一理论视角为研究"创业老手"与"创业新手"的差异提供了新的思路。对创业情绪的研究从早期单独研究某一个或某一层面的因素，到后期进一步加强对创业情绪多因素、多层面的研究。但是，现在对各层面的研究仍是较为割裂的，建立它们之间的联系（环境、组织、群体、个人），明晰不同层面下创业情绪的转化机制，对理论和实践都有重要的意义。这需要对创业情绪的研究逐步进入较为系统和规范的研究范式中去，这也是未来研究的重要趋势。

4.5.1 创业情绪的跨学科研究取向

关于创业情绪的研究，都大量地借鉴了心理学理论和社会认知理论。心理学理论是创业情绪研究的理论基础，创业情绪的分类、分层、概念性构建都是以心理学研究中对情绪的研究为理论基础结合创业这一特殊的情境加以研究的。在 Frese 和 Gielnik（2014）发表的"The Psychology of Entrepreneurship"一文中，详细阐述了传统心理学构念在创业研究中如何被利用，以及它如何提高在工业与组织心理学中的知识（例如，关于知识，实践智力，认知偏差，目标、愿景，个人的积极性、热情，以及积极和消极的情绪），并且提供了未来研究创业心理及其含义的一个有用的总体框架。创业学研究中也大量借鉴社会认知学理论，如创业情绪可以通过创业者的认知（如记忆、思维、信息加工）等途径对创业行为产生影响。在刚开始对创业情绪进行研究时，Krueger（2007）就提出创业思维的体验本质的概念，他认为认知心理学的发展和构建给创业认知研究提供了可能性：深层次的信仰和信念的结构，最终锚定了创业思维；它们是如何使企业家向更专业的专家的思维定式移动的。这种见解有助于识别那些有启发的经验，这些经验关乎创业的、批判性的、深层次的、内在的、信仰的心智模型。

不过，创业情绪的研究并不是单一的心理学层次或者管理学层次的研究，而是一个跨学科的研究，它既涉及心理学层面的知识，也包含管理学的理论。已有的创业情绪研究，已经很好地借鉴和学习了心理学理论与社会认知理论，并且已经形成创业研究领域中具有自己独特研究视角的创业情绪与创业认知的相关理论。但是，经典的心理学和社会认知研究结论大多是通过实验的方式获得的，具有其自身的情境性，并不能够完全适用于创业情绪的研究。

因此，创业情绪的研究除了借鉴传统的心理学与社会认知学理论外，还需要借鉴和使用生物神经科学的理论和研究方法，以使得对创业情绪的研究具有更高的信度和效度。Krueger 等（2014）指出对创业的研究需要借鉴生物神经科学，探寻神经层次的知识结构。Holan（2014）在其文章中提出了生物创业学的概念，认为结合神经科学的方法和技术，能够更好地了解大脑及其工作原理，对于创业认知和情绪的研究是有重要意义的。通过对文献的系统整理和分析，能够清晰地发现，学者们对创业情绪的研究也从单一层面的研究转向了跨学科的研究，学者们开始逐步引入神经创业学的概念。但是，目前相关的研究成果甚少，未来对创业情绪的研究需要借鉴生物神经科学的理论与研究方法，真正实现跨学科研究，以推动创业情绪与创业神经科学的研究发展。

4.5.2 中国情境下的创业情绪研究

伴随着创业管理研究的逐步系统化，国内对于创业情绪的相关研究已经起步，但已有成果并不丰裕。学者们对于创业活动中的心理机制的解析尚不多见。牛芳等（2011、2012）调查了领导者的乐观心态对于创业团队绩效的影响，从认知视角剖析了创业者心理的调节作用，对创业者心理对他人的影响形成了一定的了解。具体而言，现有的国内研究主要从两方面展开：一部分研究试图解释企业家情绪（尤其是积极情绪）与创业认知间的关系。如周小虎和姜凤（2013）基于案例研究，从企业家角度研究了积极情绪对创业认知的影响，发现企业家的积极情绪对创业认知的安排脚本、意愿脚本和能力脚本都有正向的作用，这个积极作用还受到创业任务复杂性的调节。周小虎等（2014）通过案例研究阐述了心理韧性与积极情绪的生成，以及由此对信息加工模式及创业失败的理解可能产生的作用。韦雪艳（2008）则剖析了企业家面对消极情绪的压力应对策略。另一部分研究则从团队情绪的角度出发，探索团队成员间的认同感、成效感、愉快感和安全感对创业绩效的影响（郑振宇，2010）。

这些研究为创业情绪的推进做出了初步探索，但整体来说，关于创业情绪的研究则非常匮乏，创业情绪作用于创业不同阶段的具体影响机理仍不够明晰。在中国知网数据库通过关键词"创业+情绪"以及"创业情绪"进行检索，仅有8篇学术研究论文与此问题直接相关，其中4篇为硕士论文，1篇为会议论文，3篇为期刊论文。其余则为非学术性报道等文章。以关键词"创业心理"进行检索，出现的则基本是大学生创业心理教育的思政论文。这说明，对于创业情绪的学术研究亟待加强。出现上述结果的一个原因是国际上对于创业情绪的关注也集中于近十年，这导致国内研究从时间发展上还尚未形成系统的、集中的研究，也可以说，还未能引起广大学者们的注意。但从中国当前创业管理的实践来看，创业心理和情绪的影响却是非常明显的，例如，创业者在事业发展过程中的情感投入是非常普遍的情况；创业行为给创业者或创业团队带来的自信、乐观或压力、倦怠等问题；初生型创业者由于冲动型创业而造成的非生产性资源的配置，减低了创业的效能和价值的现象；还有一些创业团队在创业过程中，由于情绪冲突而引发的创业失败的问题；持续创业者所表现出的对创业活动的超乎常人的情绪投入的问题等。总的来说，目前对于这个领域的研究和现实发展还有一定的差距，需要形成有针对性和现实解释能力的理论体系，当然也为未来深入这一话题的研究提供了极大的潜在空间。

综合上述文献，需要在更为系统的新的视角下来解释以往研究中未能得到解释的关键问题，即在创业者识别机会、开发创业机会以及维持创业价值的过程中，创业者既有的或习得的情绪作为一种心理资本，是如何通过塑造自我认知、社会认知、知识结构安排等对创业活动产生影响的。同时，既有的创业活动又是如何影响创业者的归因，进而形成不同的情绪沉浸体验的。对上述"情绪-行为"以及"行为-情绪"的双向互动机制的研究既非常必要又需进一步深入。中国是创业大国，处于创业大爆炸时期的中国每天都出现无数的新创企业，对中国情境的创业情绪研究，对于管理与指导企业家的创业行为，正确管理创业情绪有重要的意义。

4.5.3　创业情绪理论框架下情绪智能构建的应用探索

研究创业情绪与创业机会识别、开发之间的关系，最根本的目的是要提高创业者的活动效能。创业者常常面临的不是一种单一的情绪体验，而是混合甚至矛盾的复杂情绪，这导致创业情绪并不总是与创业者的预期和需求相一致。混合情绪引发的情绪失调可能会造成创业者的心理压力与冲突，并形成机会开发的决策困境；情绪协调则可能帮助创业者更好地实现创业目标，寻求合理的机制来自我激发和维持。情绪并不是完全不受控的，而是可以通过情绪智能加以控制的。创业者应建立起以自我意识、移情与社会交往为基础的情绪胜任力，这是一种习得的能力，能使创业者在创业活动中取得更好的绩效。创业者需要将其情绪直觉、情绪理解和情绪管理转换成实际的创业能力，这也体现了创业理论的研究既要"顶天"，也要"立地"的研究诉求。未来的创业情绪研究主要通过两个方法来探索情绪的调节机制：一是验证不同情绪对创业机会开发的交互作用；二是采用替代性变量，测量情绪协调/失调两个变量对创业机会开发的因果关系。通过探索情绪的调节机制，构建切实可行的创业情绪管理的模型与框架，为我国创业者情绪智能构建提供切实可行的理论指导与建议。

5　家族跨代企业家创业激情与机会开发：理论模型

5.1　跨代企业家创业激情的研究意义与关键问题

　　从第 3、4 章的分析可以看出，要将创业激情作为一种创业情绪体验与创业活动效能联系起来，还需要三个方面的突破：第一，目前对创业情绪的研究比较多地直接移植心理学和组织行为学中的情绪类型，缺乏对创业者群体的有针对性的深入分析，导致创业活动中关键特质情绪的构成和影响尚未明确。第二，现有研究将情绪与创业活动之间的关系看成必然过程，导致对不同情绪感知引发的差异化效果的解释力不强，缺少对情绪影响的内在机理的剖析。实际上，创业者的情绪感知不仅存在于自我认知中，还具有很强的社会嵌入性（Biniari，2012），形成更广泛的社会认知（如创业者从自我体验和对榜样的模仿中引发的积极或消极情绪将会产生完全不同的归因过程，进而造成对机会识别与开发的不同评估与决策判断）。这实际上是创业主体在体验学习和代理学习的过程中不断提升机会评估能力的表现，这些关键情绪对创业活动效能产生影响的中间机理需要进一步明晰。第三，情绪对创业行为的影响并不是单一指向的，从既有行为的结果（如失败或成功的创业经验）中产生的情绪认知将会对后期的创业活动产生连带影响，这意味着习得的经验将会造成创业者的情绪协调或失调，产生情绪–行为以及行为–情绪的双向互动机制。

5.1.1　研究意义

因此，本章的研究试图通过聚焦于跨代创业者的独特特质情绪——创业激情，来明晰其作用于跨代创业机会开发及绩效的机理，并突破上述障碍：（1）研究创业活动中的关键创业激情的表达与刻画，以及这些创业激情对跨代创业机会识别与开发的影响；（2）揭示创业激情通过不同途径对创业机会开发决策与开发方式产生作用的交互过程；（3）检验不同创业者群体（家族跨代创业者与一般非家族创业者）基于不同创业激情而产生的情绪–行为以及行为–情绪的路径差异。

本章研究的理论意义在于：（1）推动创业激情理论的发展。在前沿研究的理论基础上，探索创业激情可操作性概念层面的具体表现，以为之后创业激情与创业心理的理论发展提供实证上的支持。（2）明晰创业激情对于创业机会决策和开发的影响路径、作用机理和差异化结果，能够更贴切地反映个体微观思维过程在创业活动中至关重要的现实，深化对于创业机会开发的研究。（3）将不同创业者群体进行比较分析，能够反映出以创业者为主导的不同创业过程的研究特色。上述理论进步改变了原有创业行为研究的"thinking-doing"（思维–行动）的路径，而是转化为更深层次的"thinking-feeling-doing"（思维–感受–行动）的研究路径，因循了现有心理学与行为科学的研究基础，但又建立了区别于一般工作个体的创业情绪的模型与框架，也将会对我国创业情绪智能构建和干预策略提供切实可行的理论指导与建议。

5.1.2　关键研究问题

针对上述研究目标，本书提出4个拟解决的关键问题：

（1）家族跨代企业家创业激情的结构及量表开发。尽管根据前期的研究基础，可通过理论和文献分析初步得出创业激情的分类维度，但对于家族企业家与非家族企业家而言，其创业激情是否呈现出差异化的表现值得深思。本书将通过扎根研究解决这一问题，选择对家族企业二代企业家的实地调查来进行内容分析，加强跨代企业家创业激情研究的有效性。明确其具体内涵和操作定义，然后检验量表的效度和信度，作为其后进行正式研究的基础。

（2）上述创业激情对于家族企业跨代创业机会的识别和开发是否存在影响？在此部分研究中，首先，本章将在不同地域和行业选定若干创业者，从而控制地理因素和行业的影响。由于本书在创业者个体层面测量创业激情，对于机会识别或机会开发方式的主观测量将会结合企业内其他信息源（如高管人员）进行调查，以控制同源方差（CMV）的影响。

（3）家族跨代企业家如何从既有经验中进行学习和归因，以提升创业激情对创业价值的贡献？本章通过对比设计实现上述研究目的，选择具有创业经验（存在情绪沉浸）的家族二代（准接班人）和不具备创业经验的非家族创业者进行对比分析。对比设计不仅是方法上的考虑，而且是理论上的考虑。从理论上看，既有经验会对创业激情形成起到解释作用；在方法上，对比设计能控制不同创业样本的差异，并且使变量间的因果关系更加可信。对既有经验（成功或失败）的归因这一个测量项目将采用既有量表，操作的难点在于如何使受访者和被试真实地回答或反映出其心理状态。因为在以往的研究中，曾发现相较于成功事件，许多创业者不愿意过多地谈及过往的失败经历。对此，本书对访谈和问卷的测量进行适当的调整，例如，对冲突之类带有负面认知色彩的变量，通过设计反向问题来树立被试的积极认知；而对于反事实思维的过程测量，将通过采用"最坏/最好案例脚本"的方法，在问卷中加入情境化案例的选择来反映创业者的思维和情绪状态。

（4）上述创业激情与行为的互动路径在不同的机会情境下，会存在怎样的差异？通过对情境嵌入的考察，力图能够展示出具有现实解释意义的创业激情生成与作用机制的图景，为构建有针对性和应用性的情绪智能机制提供有效基础和理论支持。

5.2 家族跨代企业家创业激情的内涵

根据Cardon（2008）的研究，激情包括"通过参与与企业家身份相关的有意义且意义显著的创业活动，个体有意识地获得积极的强烈情绪感受"（Cardon，2008）。研究者认为，这个定义有两个关键要素。首先，激情包括随着时间的推移而产生的积极和强烈的感觉，而不是对环境中偶发的或直接的触发做出反应。因此，激情是持久的，而不是短暂的。其次，激情是指与风险相关的对象，如作为企业家或创业者的角色认知，这对企业家来说是一种有意义的身份。因此，创业激情不仅仅包括积极的情绪，还包括创业者与企业或作为企业家角色之间的深层身份联系（Murnieks 和 Mosakowski，2006）。这种身份联系可能是表现出来的，也可能是缄默的。一般来说，身份联系包括个体在所从事的活动中寻找个人意义的过程和结果（Stryker 和 Burke，2000）。因此，一个热衷于成为企业创始人或所有者的企业家，会对企业产生积极而强烈的感情，并将"创始人"的角色作为自我认同的核心部分。因此，创业成为企业家生活中一个基本的和统一的主题，并定义了他或她的身份。"当企业家/创业者的感情很强烈时，企业家可能对别人没有注意到的风险做出反应，感受到追逐风险带来的痛苦，并把每一次攻击都当成是针对自己的个体感受"（Cardon 等，2005）。由于这种身份联系，企业家可能将业务成就归功于自己，就像他们认为业务上的缺陷反映了自己的失败或不足一样（Shepherd，2003）。需要注意的是，虽然激情通常是长期的，并且是积极与强烈的（Cardon 等，2009），但有的时候，创业者感受到的激情也可能是短期的情绪，只不过在强度等方面有所不同。例如，即使企业家或创业者仍然对企业及其未来潜力抱有积极的情绪，但如果在某个阶段，企业失去了一个客户或某一单生意失败，也可能对企业家产生消极的短期情绪，如沮丧。在第3章回顾创业情绪的研究中，本书提到，心理学和神经心理学方面的研究表明，感觉到的长期特质情绪和激发的短期情绪在它们如何被体验以及它们如何影响认知和行为方面是存在不同的。

激情被认为是创业的核心要素（Bird，1988；Cardon，2008；Cardon 等，2013），并可能广泛地对企业的员工和其他人产生情感影响（Baron，2008；Cardon 等，2005）。研究发现，激情对企业家的创造力、毅力和专注力有很强的影响（Cardon 等，2005；Murnieks 和 Mosakowski，2006）。例如，强烈的创业激情导致人们去设定更具有挑战性的目标（Seo 等，2004）；运用更多的创造力来应对挑战，在完成任务时更有韧性，更加积极地克服障碍等（Sy 等，2005）。正是激情赋予创业者们不惜一切代价实现梦想的力量（Chang，2001；Shane，Locke 和 Collins，2003），指导了他们的思想、行动以及对创业的追求（Baum，2003；Baum、Locke 和 Smith，2001），并以坚韧的意志完成艰巨的任务（Brush、Greene 和 Hart，2001）。从更具体的创业活动来看，创业激情甚至可以提高创业者推销自己想法的能力（Elsbach 和 Kramer，2003），并成功地从风险投资家那里筹集资金。然而，过度的激情也可能导致盲目的坚持（Branzei 和 Zietsma，2003）、过度的自信、非理性的承诺升级，甚至强迫行为（Vallerand 等，2003）。因此，我们应该辩证地去看待创业激情对企业家和创业活动的影响。

尽管过去的十几年间，学者们对创业激情本身及其影响进行了不少研究，但在 Cardon（2013）之前，学术界一直缺少对创业激情从理论到操作性的测量。从理论上来看，激情不仅仅是强烈情绪的体验，它特别关注的是对个体自我认同有重要意义的活动的强烈积极感觉（Cardon 等，2009；Farmer 等，2011；Fauchart 和 Gruber，2011；Murnieks 和 Mosakowski，2006；Murnieks 等，2014；Perttula，2004）。因此，激情的测量必须具体地整合强烈的积极感觉和以身份认同为中心这两个维度。此外，创业激情的构建应有助于去理解创业活动的动力。换言之，对创业激情的衡量需要站在培育成功的创业活动因素与过程的视角，而不同于在创业中发挥作用的其他认知和情感变量。否则，创业激情可能就仅仅被解释为其他已经存在于文献中的构念的延伸，如积极的情感（Baron，2008）或乐观主义（Hmieleski 和 Baron，2009）。

正是敏锐地观察到上述创业激情的内涵要求，Cardon 等（2013）开发的测量量表特别关注企业家的激情体验，并且认为，认知或行为表现是激情的情感体验的结果，而不是体验本身的一部分。因此，Cardon等人（2013）在Cardon（2009）对创业激情的定义的基础上，对其进行了三个方面的具体延伸，以准确开发可行量表：（1）激情需要强烈的积极情绪的体验；（2）这些情绪体验是发生在以个体自我认同为核心的活动中的；（3）上述情绪体验和身份认同活动是发生在创业领域的。

据此，Cardon等（2013）开发了创业激情的三维度量表，即创新激情、创建激情和发展激情。每个维度的创业激情都通过积极情绪和身份认同来综合计算测量，每个维度的创业激情是该维度内积极情绪与身份认同的乘积（Cardon，2015）。

维度一：创新激情（passion for inventing）。这一维度主要关注与扫描市场环境、寻找新的市场机会、开发新产品或服务、开展发明创造等相关的活动（Cardon等，2009）。根据德鲁克（1985）的说法，创业活动往往是与经济或社会领域的重大变化或革新联系在一起的。一些企业家或创业者能够比其他人更深入、更频繁地发现创新的想法（Katila和Ahuja，2002），对创业者而言，积极地在市场上去践行这些新想法有非常重要的意义。体验创新激情的个体可能积极地寻找新机会，喜欢对产品或服务提出新想法，并乐于为重要的顾客需求和问题去探索新的解决方案。这些创业者会表现出对创新或发明的积极兴趣。

维度二：创建激情（passion for founding）。这一维度主要关注创建新企业或新事业所需要的资金、人力和社会资源等活动（Cardon等，2009）。创建一个新组织或新事业是许多人进行创业活动的积极动力（Aldrich和Zimmer，1986），而且作为创始人的角色身份是成为创业者这一自我概念的重要核心构成（Hoang和Gimeno，2010）。企业家通常有一种对成就的需要，这种需要在创业活动中表现出来——他们确实创造性地"做了一些事情"的切实表现（Katz和Gartner，1988）。对创立企业充满热情的企业家享受创业的过程，并持续地表现出很高的创业热情，甚至成为惯性创业者（habitual entrepreneur）。无论是否成功，他们总是会积极投身于下一次创业中去（Ucbasaran等，2008；Westhead

和 Wright，1998）。一些创业者会保留所有权，还有一些对创建新企业充满热情的创业者会很快把企业的管理权交给他们信任的伙伴，或者干脆把企业卖掉，只为了开始自己的下一个创业活动，这些活动被一些学者称为连续型创业（sequential entrepreneurship）（Ronstadt，1988）。

维度三：发展激情（passion for developing）。这一维度更多地与创业后企业的成长和扩张有关（Cardon 等，2009）。许多企业家的创业动机并不是建立一个新组织，而是去发展和壮大一个现有企业（Cliff，1998）。这些创业者经常表现出不同于他们对手的企业管理策略（Gundry 和 Welsch，2001）。他们常常有更多样化的管理风格（Smith 和 Miner，1983），并乐于就促进组织持续扩展与关键的利益相关者沟通（Baum 和 Locke，2004）。尽管在多数情况下，这些经历发展激情的创始人的企业往往也是他们自己创立的，但对于那些没有完全独立新创企业的企业家（non-founding），发展激情仍然存在，他们可能致力于将现有的一个企业打造成为更持久的、更有价值的、可持续的事业。具有发展激情的企业家可能乐于扩大销售、雇用新员工或寻找外部投资者来实现这些发展活动。

5.3 家族跨代企业家创业激情对机会开发的影响机理

5.3.1 家族创业经验对创业者创业激情的影响

对于家族跨代企业家而言，与不具备家族创业经验的创业者不同，其拥有更多的学习机会、家族社会资本等，这些会对其创业意图及机会开发能力产生显著的影响（陈文婷、何轩，2008；何轩等，2013）。许多文献表明，家族成员作为社会网络中的一部分，具有一个"创业的父母"的家族企业的后代更容易成为一个创业者（Carr 和 Sequeira，2007；Steier，2001）。如 Wiklund 和 Shepherd（2003），Carr 和 Sequeira（2007）等学者指出，父母创业或从商的经历会对子女产生极大的创业影响。也就是说，父母或亲属创业提供了家族企业后代或家族子女一个创业的

"榜样"（Aukin等，2008）。但是，这并非一个创业的充要条件。经验观察表明，众多家族企业的后代即使拥有一个"创业的父母"，也不具备创业精神。究其原因，主要是后代真正涉入家族和企业中的过程的差异。如果家族企业后代不能够参与到家族的发展中去，缺乏实际的经验，来自家族企业的缄默知识等也很难跨代进行转移（Cope和Watts，2000；Shane和Khurana，2003），后代也不能在此过程中培育出对家族和企业的责任心，父辈的资源也不能够在家族治理和家族成员的交往互动中得以转移。因此，家族成员需要真正参与到家族企业的治理、经营和运营中去，才意味着其具备真正的家族企业经验，或成为一个（潜在的）家族跨代企业家。在作者以往的研究中，将这一过程视为家族后代进行创业学习的过程，意味着家族企业后代是能够参与到家族以往的经营决策中去的。当子女和创业的父母能够就创业经历、商业运营、管理技能等方面进行互动交流的时候，这部分家族后代的创业意图就会增强。原因在于，他们得到了前述促成创业动机所需的显性和缄默知识。这些人会积极地通过由被动到主动地学习获得企业内的知识，将上一代企业家独特的缄默知识转移到自己身上来，并在新的情境下加以消化吸收。另外，非常重要的是，现任家族企业主如何促成这样的学习。也就是说，现任家族企业主与继任者之间的知识传递动力、信任氛围等对于家族企业后代企业家的创业学习具有促进或约束的影响。家族后代从家族成员那里学习得越多，则意味着其越容易培育家族内的共有价值观，通过血缘关系搭建起来的家族社会资本越容易对后代产生影响，使其共享家族企业发展的创业价值观念。也就是说，更多地向家族成员学习有利于家族跨代创业精神的传承，后代就越倾向于形成较多的创业动机、意图和激情。因此，可以假设，具有家族创业经验，且参与了家族企业经营的创业者，其创业激情的水平会由于经验的作用而显著提高。因此，本书提出以下假设：

H1：家族创业经验对创业激情的产生具有积极影响。

具体到三类创业激情来看，家族创业经验的积极作用都能有所体现。首先，创新激情意味着寻找新市场、开发新产品，并向客户提供具有新价值的服务。在这个过程中，家族企业的创业经验可以帮助家族后代更快地去发掘一般创业者或初次创业者难以发现的有利商机。商业机会往往蕴含在交易与合作中，当家族后代通过家族成员或家族企业获得了这些社会网络的联系之后，就能够从网络中获得外溢的知识，更新自己的知识结构，发掘新的机会。因此，本书提出以下假设：

H1a：家族创业经验对创业者创新激情有积极影响。

对于创建激情而言，父母或亲属的创业经历虽然不是自己亲历的创业经验，但根据社会认知与社会学习理论（Bandura，1977），他们的创业经验可以为创业者提供一个成功或失败的学习样本，并促使他们在向别人学习的过程中，更好地去思考创业的意义、风险、条件与价值等。这些"二手经验"同样能够为创业者做出是否要创业，是否要成立新企业，是否要开发一项新事业，以及如何去开创一个新组织等决策提供有效的支持。因此，本书提出以下假设：

H1b：家族创业经验对创业者创建激情有积极影响。

就发展激情而言，家族跨代企业家在家族企业的运营中可以直接接触到创业中的各个关键环节、人物与机构，如融资机构、银行，甚至是家族企业已有的客户、供应商等。这些网络节点可以构成家族跨代创业的必要资源，从而为家族后代提供经验，并协助家族后代减少新创业时的困难与问题，帮助他们获得与企业运营相关的创业知识。这些与管理直接相关的知识，可以帮助家族企业后代更好地去维持企业的发展。因此，本书提出以下假设：

H1c：家族创业经验对创业者发展激情有积极影响。

5.3.2 家族创业经验对创业机会开发的影响

创业机会的识别与开发本身是一个动态过程，包括机会搜寻、识别、评价、开发等环节的活动（Craig和Lindsay，2002）。这些活动本身并不是截然分开的，而是紧密联系在一起的。例如，机会开发不仅是识别到机会后的行为，而且贯穿于整个机会价值实现的过程。影响机会开发的因素包括机会的自然属性，如市场规模、市场需求、市场利润等（Timmons，1999）和创业者的个人特质，如警觉性（Kirzner，1973；Gilal，1991）、风险感知（Keh等，2002）、自信（Krueger和Dicson，

1994 ; Shaver 和 Scott，1999）、已有知识（Shane，2000）、社会网络（Hill，1997）等 。

根据嵌入观的观点，家族创业经验产生的社会资本对创业机会的开发具有积极影响。原因在于创业机会开发在很大程度上要受到非经济关系 、 社 会 网 络 、 风 险 感 知 、 自 我 评 价 等 因 素 的 影 响 。 Granovetter（1985）在论及经济交易的嵌入性问题时批评了经济学低度社会化的问题，并明确指出嵌入在社会关系中的经济交易必然要受到交易方社会关系的影响，现实的交易关系都不同程度地具有关系合约的特征。

Aldrich 和 Cliff（2003）的研究表明，从家族嵌入的视角来看，创业机会开发不仅仅与家族外部的社会资本紧密相关，而且还与家族本身所产生的社会资本有着重要的联系。

首先，对创业机会的开发能力和关系性家族社会资本有关（Barney等，2002、2003）。家族作为一个关系密切的团体可以分享其每个成员感知到的创业机会。因此，从某种程度上说，家族创业的机会感知就绝对量而言大于个人创业。也就是说，作为家族跨代企业家，在潜在的机会拥有量上就具有相对的优势。同时，感知到的机会越多，家族跨代创业就越可能发生。无论是针对均衡发展的创业机会，还是更多突破式创新的创业机会，家族成员会在家族内部传递自己感知到的机会信息，并不总是独自开发创业机会，而是与具有血缘关系的亲人进行分享，寻求合适的团队成员一起开发机会（Barney等，2003）。创业机会开发的能力与家族成员的关系网络结构也有关系（Carolis 和 Saparito，2006）。家族社会资本会使家族成员形成不同的感知，从而影响风险感知、警觉性等因素。在开发创业机会的过程中，创业者必须以某种方式认知、收集、理解和运用与特定的行业、技术、市场、政策等相关的信息，而信息的获取与创业者的社会网络紧密相关。信息会通过个人的社会网络来传播、转移，从而被网络成员分享。

其次，创业机会开发本身也是一个资源传递、获取、发掘的过程。在创业初期，由于封闭性较强，"合法性"较低，难以获得社会权威和公众的认可，因此，创业者大多以自己的关系网络作为吸收外部资本的重要手段。家族企业形成的家族社会资本有助于家族创业者识别环境中存在的机会，从而进行基于机会的机会性投资与开发（或机会性创业）。这种社会资本是基于家族成员的特殊资源以及个人在关系网络结构中的特殊地位而形成的（Carney，2005）。这是有别于组织社会资本（如公司声誉、品牌等）和人力资本（如教育、培训等）的资本。一般而言，家族创业者的高社会资本能在封闭的经济体系中带来高回报，因为他们往往能在关系网络中占据有利的位置；而低社会资本创业者则要通过与具备高社会资本的个人进行合作才可能进入有利的市场。在家族企业中，创业家族所有者与经营者合一的所有权安排使得他们可以从自己形成和维持的私人商业网络中获利（Le Breton-Miller，2003）。他们会根据"特殊"的选择标准来决定让谁加入自己的社会关系网络。这个标准可以看作是一种"关系"标准。在构建社会关系网络时，家族会考虑多种人际信任因素，如亲属关系、利益共同体或政治同盟等（Granovetter，1994）。嵌入关系网络的家族社会资本，也可被看作是对合同不完备或法律不健全等问题的非正式解决方式（Xin 和 Pearce，1996）。在存在大量制度空白的新兴市场上，这种社会资本与关系可以提供战略性信息，从而增强这种社会资本和关系拥有者的讨价还价能力，并且帮助他们把创业定位于与自身利益相关的适当位置（Blyler 和 Coff，2003）。

在我国，家族社会资本更是大量地以"关系"的形式表现出来，创业家族常常通过与资源掌握者（如政府）的合作与互惠来克服竞争力不足与资源短缺方面的缺陷（Park 和 Luo，2001）。例如，商业史上不乏寡头政治家族创业成功并对社会经济产生巨大影响的例子。这些家族依靠政治性关系网络，通过寻租来发挥家族在创业中的优势（Morck 和 Yeung，2004）。虽然大部分创业家族并不具备与政治权势紧密联系的网络关系，或者有些创业家族没有通过有意识发展的社会关系网络来占据网络中的优势位置，因而缺乏政治性寻租能力，但他们一样可以通过家族内部独特的"人治主义"（personalism）与"特殊主义"（particularism）来创造有利于创业的家族社会资本以及关系资本，从而促成机会性创业的产生（Carney，2005）。

因此，通过嵌入观和社会资本的观点，我们认为，无论是对于均衡

型的创业机会开发，还是创新型的创业机会开发，家族创业经验都会起
到积极的作用。因此，本书提出以下假设：

H2：家族创业经验对创业机会开发具有积极影响。

H2a：家族创业经验对均衡型机会开发具有积极影响。

H2b：家族创业经验对创新型机会开发具有积极影响。

5.3.3　创业激情对创业机会开发的影响

学者们认为，拥有创业激情或体验高度创业激情的企业家会从激情
的能量中受益。例如，激情能够带来力量和勇气（Birley 等，2000）、
奋发的动力（Brännback 等，2006），以及不屈不挠地追求有挑战性的目
标的动力（Smilor，1997）。激情与动力、坚韧、长时间的工作投入、
勇气、高度的主动性和面对障碍时的坚持都有关系（Bierly 等，2000）。
Brännback 等人（2006）指出，激情可以激发动力，增强心理活动，并
为个体提供日常工作的意义（2006）。同样，研究表明，激情作为一种
高度活跃的积极情绪状态，可以形成在创业机会开发中非常重要的创造
力和风险承担能力（Baron，2008）。尽管创业激情是否在创业的全过程
中持续起作用尚不明确，或者说还缺乏大量的研究。不过，激情引发的
一些看似功能失调的效应，如痴迷和忽视负面信息（Branzei 和 Zietsma，
2003），却是非常有利于创业活动的。Cardon 等学者（2009）认为，创
业研究领域需要原创理论来理解创业激情是否以及何时产生功能性结
果，以及这些功能或非功能性的活动产生的原因。因此，本书提出以下
假设：

H3：创业激情对创业机会开发具有差异化的积极作用。

创新激情有利于发现机会，已有研究表明积极情绪倾向于增强创新
性解决问题的能力，并且与机会发现显著相关（Ward，2004）。Cardon
等人（2009）认为体验积极情绪的个体更能形成对环境反应的积极调
节，即能够更加灵活地应对环境中的刺激因素，激励他们把注意力和精
力用于处理面临的挑战或问题方面。当创业者发现问题阻碍在梦想、渴
望的道路上，有创新激情的创业者更可能调节他们的注意力和动力去识
别被忽略的解决思路。从这个意义上说，创新激情更有利于促进不寻常

的联系，例如模式识别或者刺激物之间的关联性，使得创业者能够发现新事物或新路径（孙亚娟，2017）。因此，可以预期，创新激情有助于创业者识别新奇的信息模式，概念化处理刺激物，平衡现有知识以发现创新性的思路。从对两类机会开发的角度来看，具有创新激情的创业者将被激励着识别、发现和探索新机会或者新市场。创新型机会开发作为一种具有探索性的创新，正是属于新机会的尝试、开发新产品或者进入新市场（陈海涛，2007），从这个意义上来说，创新激情对于促进创业者进行创新型机会开发有非常重要的作用。另一方面，均衡型机会开发属于渐进式的创新，是在现有产品基础上进行的改进。如前所述，具有创新激情的创业者能够识别新奇的信息模式，概念化处理刺激物，平衡现有知识以发现创新性的思路（Cardon，2009），而这恰恰能够促使创业者识别现有市场和产品机会，形成有利于均衡型机会开发的能力。因此，本书提出以下假设：

H3a：创新激情对于均衡型机会及创新型机会开发均有积极影响。

创建激情更加关注于创建新企业或新事业所需要的资金、人力和社会资源等活动（Cardon 等，2009）。从其内涵上来看，创建激情有助于创业社会网络的宽度和质量的优化（Nahapiet 和 Ghoshal，1998）。这部分社会网络是创业机会开发成功与否的重要资源基础来源。创建激情还与说服能力紧密相关（Hogg 和 Terry，2000）。具有较高创建激情的创业者，在创建组织的过程中，会更加注意对相关投资人、利益相关者的吸引能力。他们会保持较高水平的积极情绪，以将其传递给其他人员。情绪理论研究表明情绪是有感染力的（Epstude 和 Mussweiler，2009）。当创业者对他们的想法表现出高涨的积极情绪时，新企业可能更有效地获得投资者、顾客、潜在雇员以及其他人相似积极的反应。王旭和朱秀梅（2010）指出创新型的开发方式需要获得一些特殊的资源如技术、人力资源的支持，同时也要求更多的资源。综合来看，创建激情在资源获得上具有重要的影响，尤其是具有特殊性的资源，促进创新型机会开发。根据上述研究可知，创建激情有利于激励创业者关注财务资源、人力资源、技术开发等与新创活动高度相关的资源搜集及利用活动，驱动创业者进行创新型机会开发。因此，本书提出以下假设：

H3b：创建激情对创新型机会开发具有积极影响。

具有发展激情的企业家可能乐于扩大销售、雇用新员工或寻找外部投资者来实现这些发展活动。创新型的开发方式需要获得一些特殊的资源如技术、人力的支持，往往比均衡型机会的开发方式面临更大的风险，同时也要求更多的资源。均衡型机会开发活动则偏重于对现有市场的再挖掘（Arrow，1974；王旭、朱秀梅，2010），需要在现有的产品和市场内进行创新性的改进。两种机会开发方式对创业者的创新能力和资源的要求不同（Samuelsson 和 Dacvidsson，2009；王旭、朱秀梅，2010）。发展激情水平较高的创业者更加关注的是对现有企业的扩张和发展，相对于创新型机会开发，对于创新解决问题能力和资源的获取的需求并不那么高。因此，可以预期，和创新型创业机会开发需要更多的新资源和新想法相比，发展激情能够对均衡型创业机会开发产生更强烈的影响。因此，本书提出以下假设：

H3c：发展激情对均衡型机会开发具有积极影响。

由于家族创业经验能够显著地影响创业激情的形成，创业激情又能够进一步激发创业机会的开发，我们构建家族创业经验、创业激情与创业机会开发之间的中介关系假设。首先，H1中我们提出，家族创业经验能够显著地影响创新激情、创建激情和发展激情的形成，而对于均衡型机会的开发，具有积极作用的主要是创新激情和发展激情，因此，本书认为，创新激情、发展激情将会在家族创业经验与均衡型机会开发之间形成中介作用。因此，本书提出以下假设：

H4：创业激情在家族创业经验与创业机会开发之间起中介作用。

H4a：创新激情、发展激情在家族创业经验与均衡型机会开发之间起中介作用。

其次，对于创新型机会的开发，具有积极作用的主要是创新激情和创建激情。从中介作用的角度讲，家族创业经验对于创新型机会开发的影响，也主要从影响创新型机会开发的前因变量创新激情和创建激情实现。因此，本书认为，创新激情、创建激情两类创业激情将会在家族创业经验与创新型机会开发之间形成中介作用。因此，本书提出以下假设：

H4b：创新激情、创建激情在家族创业经验与创新型机会开发之间起中介作用。

5.4　家族跨代企业家反事实思维的调节作用

Begley 和 Boyd（1987）认为机会开发包含不确定性因素，越能够容忍不确定性的个体越可能进行机会开发。首先，反事实思维作为一种认知偏差，其可能带来上述对不确定性的容忍程度的提高。此外，研究表明拥有更多自我效能和自我控制的个体更容易进行机会开发（Chen 和 Greene，1998）。反事实思维的因果关系在某些场景下可以提升创业者的自我效能感。Gaglio（2004）研究了反事实思维与机会识别之间的关系，他认为反事实思维包括解构和重塑场景的过程，正是这种思维过程使得创业者能够识别一些其他人未能预见的机会。在该研究中 Gaglio 将反事实思维分为两类：自发性反事实思维和自觉性反事实思维，其中自发性反事实思维是一种无意识的反应，通常突然发生并且是负面的或不受欢迎的。而自觉性的反事实思维是有意而为之，是特意进行的。Baron（1999）提出创业者更少地进行反事实思维，Gaglio（2004）则对该观点提出了质疑。Gaglio 认为创业者一般可能不会进行自发性的反事实思维，但会进行更多的自觉性反事实思维。创业者通过自觉性反事实思维模拟各种可能的情况，有助于在复杂的商业环境中进行有效的机会识别。也就是说，创业者利用反事实思维来提升自身机会识别或开发的能力（何轩、陈文婷，2013）。

其次，反事实思维能够有效地促进创业学习。郝喜玲等（2018）研究发现，失败后创业者采取上行反事实思维易产生后悔情绪，但这种思维能通过事后判断和心理模拟调整后续行为以改变现状，有助于单环学习。创业者采取下行反事实思维有助于缓解失败带来的悲痛等负向情绪，但这种庆幸的情绪会阻碍深度学习，不利于双环学习。一定程度的创业失败成本条件下的上行反事实思维能够诱发双环学习，内部归因强化上行反事实思维与单环学习的正向关系；外部归因恶化下行反事实思维与双环学习的负向关系。创业学习对于创业机会开发与创业绩效都具有积极的影响作用（蔡莉等，2012；陈文婷，2014）。因此，本书认为，创业者反事实思维能够有效促进创业机会开发，包括均衡型机会开发与创新型机会开发。因此，本书提出以下研究假设：

H5：创业者反事实思维对创业机会开发具有积极影响。

H5a：创业者反事实思维对均衡型机会开发具有积极影响。

H5b：创业者反事实思维对创新型机会开发具有积极影响。

除了反事实思维可能产生的直接作用外，本书认为，反事实思维同样会对创业激情与机会开发的关系产生调节作用。我们首先考察当创业者反事实思维较强烈时的情况。创业激情能够使创业者更加灵活地应对环境中的刺激因素，激励他们把注意力和精力用于处理面临的挑战或问题方面。这是创业激情能够引发创业机会开发的一个主要原因。当创业者的反事实思维水平较高的时候，他对于环境敏感性的体察就会更加强烈，也会更多地去思考环境中可能存在的各种因素。机会开发是创业者在内外部条件的约束下所做的战略选择和决策行为。反事实思维作为一种逆向思考或启发式思考（Gaglio，2004），使得创业者不断地对过去进行反思，通过强化上述创业激情带来的问题观察、问题处理与解决的逻辑，提升了创业激情对于机会开发的影响。

其次，创业激情对机会开发的另一个影响逻辑是：创业激情诸如创建激情有助于创业社会网络的宽度和质量的优化（Nahapiet 和 Ghoshal，1998），这部分社会网络是创业机会开发成功与否的重要资源基础。当创业者的反事实思维水平较高的时候，其主动去构建社会网络与社会资本，以减少可能的决策失败或风险的可能性就会提高。也就是说，较高水平的反事实思维推动创业者在创业激情的促使下，更多地去构建创业机会开发所需要的社会资本与网络基础，提高了创业机会开发成功的可能性。

再次，从反事实思维的创业学习功能来看，创业激情能够提升创业者对创业知识的敏感性和运用的积极性，进而促成创业机会开发的决策。反事实思维的创业学习功能可以有效地提升这一过程，推动创业者做出机会开发的战略决策。反事实思维作为创业学习的重要部分，成功的创业者如果更善于采用"如果……，那么……"的思维方式来反思在创业过程中所经历的成功或失败事件，学习效果将更加显著并改变行为

（杨俊等，2015）。

最后，在创业者进行这种反向思考的过程中很可能决定采用新技术、新产品或是对现有的市场机会和生产方式进行挖掘、改进。王倩和蔡莉（2011）认为心智模拟和反事实思维的认知过程有助于创业者开发创新性程度高的机会。因此，不管是创新型机会开发还是均衡型机会开发，创业者的反事实思维都能够推动其进行。综上，本书提出以下假设：

H6：创业者反事实思维调节了创业激情对创业机会开发的积极作用。

H6a：反事实思维正向调节创业激情对均衡型机会开发的积极作用。

H6b：反事实思维正向调节创业激情对创新型机会开发的积极作用。

本章的理论研究模型如图5-1所示。

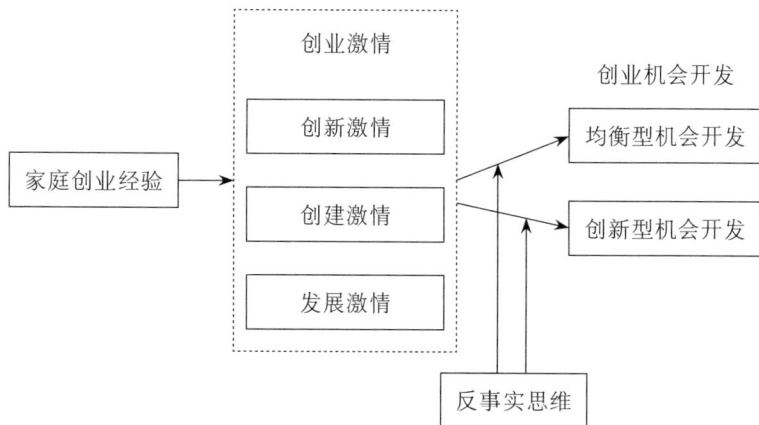

图5-1　理论模型图

6 家族跨代企业家创业激情与机会开发：实证分析

为了验证第5章提出的理论模型及理论假设，本章将进行实证分析与检验。在实证研究阶段，本章采用横断设计方法，针对不同年龄、不同背景特征、进入不同行业的家族二代及非家族创业者进行调查，以便增大研究结果的普遍意义。

6.1 研究设计

本节的结构安排是：首先，介绍调研方法与调研对象。其次，介绍问卷设计与变量测量。第一步，我们将在收集到的第一轮试测样本中进行定量的探索性因子分析，以为后续研究中测量模型的确定和变量关系检验提供基础；第二步，探索性因子分析得出的结果将通过更加独立的第二轮样本进行验证性检验，以尽可能地通过两阶段的定量研究来保证测量模型的可靠性和有效性。最后，对研究中的其他变量的测量做出说明。

6.1.1　问卷及调研设计

1.调研方法与对象

本书调查的对象一部分是非家族的普通创业者；另一部分是具有家族（父母或亲友，主要是父母）创业经验的家族企业后代，并且创办了新企业或者在家族企业内开办了新事业的创业者群体。当然，创办者可以是单个的创业者（solo entrepreneur），也可能是团队创业者（team entrepreneur）。许多创业者确实不是单独行动的，而是通过与他人合伙创办的方式形成新企业，在以往的研究中我们也发现了这样的例子（陈文婷，2014）。但是，本书将一个企业的创业者视为一个完整个体，因此不对个体创业者和团队创业者进行详细的区分，即在调查中并不要求创业者一定是完全自己独立新创企业，而是要求受访者必须是创业团队核心成员而且是现在在其创业企业中承担重要战略决策作用的人。为了比较家族跨代创业者与非家族企业创业者，问卷设计了识别问题，即询问受访者的家庭成员是否有创业经验或经历，并且自己参与其中。

问卷设计的好坏关乎研究数据的质量，因此我们在设计调查问卷时要综合考虑多种因素，既要保证问卷的全面完整，又不能使问卷过于冗长；既要保证问卷具有逻辑性，又要适当增加问卷回答的可行性。另外，还需要考虑被调查者的特征以及调查研究的目的等因素。由于对研究对象随机抽样的困难，本书采用了方便抽样的方法。问卷发放主要利用三种渠道：通过学校和相关研究机构等组织进行发放；通过研究者的同学、亲友、朋友等关系进行滚雪球式的发放；制作网络问卷进行发放。其中，第二种方式是本书问卷的主要来源。虽然这些问卷收集的方式可能导致抽样的随机性不够，但只有这样才能尽可能多地收集到有效样本。无论哪种问卷发放渠道，在发放问卷时，皆采用匿名方式，以尽可能地排除受访者的顾虑，增加问卷的回收率。此外，在发放问卷时，还在介绍中讲明了问卷的用途和私密性，以及调查结果可与问卷填答者分享的信息，以吸引受访者填答。

问卷采取了两阶段发放的方式，在小规模的试测之后，2016年12

月至2017年2月的第一次问卷发放主要是为了对研究中的潜变量进行量表的初步探索性探测与验证，并根据填写者的问题反馈修正问卷中的问题，在第二次问卷发放中精炼问卷。2017年3月至2017年8月，进行了第二次大规模的问卷发放。发放对象为一般创业者及新创或开发新事业的家族企业后代。为了避免样本过于集中，研究团队选择了全国较为分散的几个省区，包括广东、浙江、辽宁、山东、宁夏、陕西、北京等地。这样既有地理位置上的差异（南北方），也有规模的差异（大省区和较小省区），采用前述的三种方法发放。为了获得更多的有效样本，本书作者组建了调研团队，由三位硕士研究生组成，一方面要求发放问卷时派发者以多种方式（当面、电话、邮件等）进行跟进，以确保问卷的质量，并随问卷一同发放了研究者本人所写的一封致问卷填答者的信件，恳切地表达了本项研究对研究者的重要意义和关键性，请受访者予以配合。另一方面，由团队成员赴广东广州、浙江杭州、山东烟台等几个重点地区进行实地调查，进行面对面的问卷回收，以提升问卷回答的质量和回收率。同时，请受访者匿名填写问卷，但鼓励其在问卷封面填写邮箱，以便研究者将研究成果反馈于参与调查的人员。同时，这个措施也使得回收的问卷，在有关键数据缺失的时候，可以与受访者联系，请其帮助完善与补齐。

2.问卷设计

在前期的半结构访谈中，首先发掘了各变量的内涵和设计模型中的逻辑关系。在问卷设计阶段，之所以要进行两阶段的量表探索和验证工作，主要考虑以下原因：本书中的研究问卷虽然来自国内外的成熟量表，但大部分研究来自西方，尤其是创业激情、反事实思维等较为关键的研究变量，其量表是否完全适合中国的创业者及创业情境，需要进行审慎的考察，并在考察过程中对可能发现的问题进行及时修正。

樊景立等（Farh等，2006）学者在探究中国管理情境的量表开发问题时，曾指出四种测量模型的开发方法：其一是完全的翻译（translation approach），适用于某一概念在不同文化情境中皆有相同理解，不存在语义差别所带来的概念差异；其二为部分采纳法

（adaptation approach），目的在于对在不同文化情境中意义相同的概念，进行情境化的改变，以满足适用性；其三为去情境化方法（de-contextualization approach），意在对未经在不同文化情境下明确提出的概念进行探索式开发；其四则为语境化开发（contextualization approach），即完全开发适用于某种特殊文化情境的测量量表。而无论哪一种方法，应皆以理论作为提炼量表构念的依据。虽然本次进行的并不是跨文化的比较研究，但根据我们的研究目的和内容，无论是从调研对象还是最终得出结果的客观现实基础，都是以中国本土的跨代创业者为样本来进行的。因此，本书仍是借鉴 Farh 等学者（2006）所介绍的第二种部分采纳法，力图使本书能够在一个工具有效的前提下展开。

本次调查问卷由五部分构成：问卷的开始是引言部分，简要介绍此次调查的主要内容以及调查目的。向被访者介绍问卷调查的目的、内容、用途，旨在消除调查对象的疑虑和猜测，减少误差，提高问卷的填答效果。接下来问卷正文的第一部分为被调查者的基本信息，包含性别、年龄、受教育水平等人口统计学特征变量，帮助我们考察被调查者的个体特征，以及企业基本信息，包括企业规模、所处行业、企业发展年龄等企业层面信息及创业企业情况，帮助我们进行样本筛选。第二、第三部分是问卷的核心内容，包括家族创业经验、创业激情、创业者反事实思维、创业机会开发等理论模型中的关键变量。最后一部分为开放式问题及结语，为被调查者提供一个能够补充其他必要信息或想法的机会与途径。

6.1.2　变量的操作性定义

在问卷设计过程中，本书借鉴国内外已有量表来制定问卷。并且，所有测量都经过第一轮探索性因子分析及第二轮验证性因子分析，以确保良好的效度和信度。

1.创业激情

原则上，创新激情、创建激情和发展激情指向的是三个与创业活动紧密相关的独特维度。Cardon 等（2013）认为，在实践中，企业家或创业者针对这些创业激情的体验可能有所不同，这不仅取决于企业家或创业者在企业发展的各个阶段所面临的环境和挑战，还取决于不同企业家或创业者的独特背景与生活经历。这意味着，创业激情的体验不一定在所有三个维度上都是一致的。例如，有些企业家创业者可能对某些创业活动更有激情，而对另一些活动并不在意。因此，创业激情的三个维度应作为独立维度来进行测量和分析。在本书的研究设计中，创业激情的三个维度分别采用了 Cardon 等（2013）的研究，并使用李克特量表 5 点计分法，具体的测量条目可参见附录。

2.反事实思维

正如在反事实思维的文献综述中提到的那样，本书关注的重点是创业者的上行反事实思维，因此关于反事实思维的测量也主要集中在上行反事实思维上。目前对于反事实思维并没有一致性的测量方法。本书借鉴国内外研究的做法，将反事实思维纳入规则性思维（rule-based thinking）的范畴（Wood 和 Williams，2013），采用"最坏案例脚本"（worst-case scenario）的做法。在"最坏案例脚本"这样的规则背景中，创业者通过对之前经历的反事实思维，将一些能够改变状况的可能性举措与不同结果联系在一起，从中评估将要进行的举措可能产生的最坏后果。如果这种可能的最坏后果超出个体承受范围，创业者会放弃这个所谓的机会，反之意味这个机会通过评估，进入后续的创业环节。因此，在该部分的测量中，首先请被调查者回想他们生平感到最为遗憾的三件事，然后请他们对这三件事分别从三个维度——频度、强度、不愉快程度——进行评分。频度，即被调查者进行反事实思维并构建反事实场景的频繁程度（"从不"到"经常"）。强度，即被调查者对于这件事的遗憾程度。不愉快程度，即被调查者对于这件事的情感反应。本书在 Baron（2000）的测量方法的基础上，借鉴 Arora（2013）等人的测量方法，并从以上三个维度对每个事件进行评分。最后将每件事情的频度、强度和不愉快程度进行加权整合计算。另外，本书对创业者反事实思维的测量同样采用李克特量表。

3.机会开发

机会开发的定量研究较少，而仅有的定量研究又大多集中在创业机会开发的方式上，本书也主要进行机会开发方式的定量研究。目前，针对创业机会开发的类型，一些学者将其分为模仿型或创新型。如张梦琪（2015）在综合陈海涛（2007）、买忆媛（2009）、杨俊（2013）等人观点的基础上开发的6题项机会开发量表。创新型机会开发包含3个题项，主要关注企业发展新产品和新业务、使用新技术，以及企业对智力资本的重视程度。模仿型机会开发也包含3个题项，主要关注企业对现有产品和技术的改进情况。另一些学者将创业机会开发分为创新型与均衡型。如王旭和朱秀梅（2010）在Picot（1989）和Arrow（1974）研究的基础上所开发的量表。他们认为，创新型机会与现有的组织常规业务和业务范围明显不同，均衡型机会表现则与现有的组织常规业务几乎没有差异。开发创新型机会活动涉及创造一个新市场，而均衡型机会开发活动则偏重于对现有市场的再挖掘。通过6个问题，创新型机会开发采用"提供全新性能的产品和服务""开辟全新的市场""追求较高风险、较高收益的项目"3个题项，均衡型机会开发采用"提供现有的产品或服务""从事现有市场业务""追求较低风险、较低收益的项目"3个题项进行度量。因此，可以看出，尽管学者们的分类不同，但实际上，这两类机会开发的分类都是要么关注新市场、新产品或新服务；要么关注对现有市场、产品或服务等的改进。本质上具有高度的同质性。鉴于王旭和朱秀梅（2010）关于创新型、均衡型的测量量表是在中国情境中开发的，符合中国的实际情况，本书也采用该量表，使用李克特量表进行测量。

4.控制变量

已有研究表明，创业者的年龄和性别会影响创业活动（Markman等，2005；Wilson等，2007），同样地，受教育水平对创业活动也有重要影响（陈文婷，2014）。而亲友是否创业与个体的创业活动有一定的关联性（Podoynitsyna，2012）。创业规模也是影响创业活动的重要因素。因此，本书将企业家或创业者年龄、性别、受教育程度以及企业规模作为控制变量（具体控制变量筛选见方差检验部分）。创业者年龄以其汇报的实际年龄测量；性别编码为男=1，女=0；受教育程度划分为

"高中及以下""大专""本科""研究生"4个类型，并按 1~4 赋值；创业规模通过测量企业员工数的对数值来体现。

6.1.3 问卷调查过程

如前所述，本书通过两阶段纸质版问卷和电子版问卷（包含微信、电子邮件等多种形式）两种类型来进行问卷的发放和回收。从 2016 年 12 月到 2017 年 2 月，第一阶段发放预测试问卷 80 份，主要面向对象为在校 MBA、EMBA 学生。本阶段共回收有效问卷 76 份，为初步进行变量条目测量提供基础。第二阶段，2017 年 3 月至 2017 年 8 月，陆续在各地区朋友、同学以及亲友的协助下，及研究团队实地探访下，发放问卷 350 余份。之后对纸质版、常规电子版问卷回收的数据进行录入，对线上调查平台（如问卷星平台）回收的数据进行整理，在此基础上对数据进行汇总。两阶段共回收问卷 287 份。在整个过程中，为了避免异常数据的干扰和作答人员的不认真等因素带来的扰动影响，对下列问卷进行了剔除：（1）填答时间过短（小于 3 分钟）的问卷。根据作者所在研究团队的测试，填答完毕整套问卷需要 15~20 分钟，因此，对于极端的短时问卷，可以视为未认真填答。而我们发现，此类问卷也是对于关键变量缺失较多的问卷。（2）对所有选项填答相同程度，完全区分不出有效度，并且填答时间过短的问卷。（3）对关键变量填答不完整的无效问卷。根据以上标准，最终得到有效问卷 210 份（第一阶段和第二阶段），问卷总体回收率约为 66.7%，有效问卷占回收问卷的比例约为 78.6%。

6.2 量表的探索性分析

在本书中，对测量量表的检验采取了独立样本分别检验的原则，即先用一个样本来对量表进行探索性分析，再用另外一个样本对其进行验证性分析，以确定量表的适用性。

如前所述，第一次共发放问卷 80 份，回收 76 份有效问卷，有效回收率为95%。有效回收率较高是由于第一次问卷发放采用定向发放的方式，所有80份问卷均现场一对一发放与完成。但有4位回答者在中途表明有其他事情，无法完成问卷的全部问题，为保证问题的一致性，对这4份问卷进行了删除处理。在76份问卷中，被测者年龄最大43岁，最小24岁，平均年龄29.9岁；男性占68.4%，女性占31.6%；学历构成为：高中及以下学历无，大专学历占10.6%，大学本科学历占67.1%，研究生占22.4%。另外，39.2%的受访者具有亲属创业经历。

6.2.1 量表探测与精炼

首先对形成的创业激情、反事实思维、创业机会开发的各个题项进行项目分析，以确定每个题项的临界比率值（critical ratio，CR）。独立样本t检验的结果显示，22个题项均通过项目分析的显著性检验，表明所有题项均有鉴别度，可以鉴别出不同受试者的反映程度（结果在此省略）。同时，根据Churchill（1979）的理论对原始量表进行Coefficient alpha和item-to-total的可靠性检验，以0.7作为截取点。结果表明，22个题项均通过了检验，具有良好的单维性和信度标准，再删除会降低α系数，因此也不再删除任何题项。

6.2.2 探索性因子分析

首先，利用SPSS 23.0对"创业激情"的全部13个题项进行探索性因子分析。由统计结果得知KMO值为0.912，并通过Bartlett's球形检验（p<0.000），说明数据符合因子分析的条件。在进行迭代式多轮主成分因子分析后（principal component analysis），发现大于1的特征值有3个，因此提取了3个因子，并采用方差最大化正交旋转。因子负载截取点为0.5，对在任意因子上负载都低于0.5或在多个因子上负载大于0.5的题项进行剔除（Straub，1989）。结果发现，13个题项收敛均为3个因子，且每个题项的因子负载均大于0.5，分析结果见表6-1。根据统计数据，旋转后累计解释方差量达到66.937%。从表6-1中可以看出，因子结构合理，说明具有很好的结构效度。

表6-1 　　　　　　　　　　创业激情的探索性因子分析

题项	因子载荷		
	1	2	3
创新激情（α=0.848）			
PI3 创新激情：致力于让产品或服务变得更好	0.801	0.197	0.143
PI4 创新激情：观察环境发现新机会使我兴奋	0.731	0.153	0.352
PI2 创新激情：享受找新点子的过程	0.670	0.430	0.049
PI1 创新激情：新方法满足需求是令我兴奋的	0.657	0.256	0.321
PI5 创新激情：探索新方案是成就自我的方式	0.578	0.365	0.360
发展激情（α=0.851）			
PD4 创业激情：培育和推动公司是成就自我的方式	0.217	0.812	0.278
PD3 创业激情：信念激励着我	0.250	0.775	0.277
PD2 创业激情：找到合适的人工作是令人兴奋的	0.454	0.661	0.203
PD1 创业激情：我喜欢寻找合适的客户	0.522	0.552	0.147
创建激情（α=0.822）			
PF4 创业激情：成为创业者是成就自我的方式	0.193	0.105	0.826
PF2 创业激情：拥有自己的公司让我干劲儿十足	0.201	0.266	0.779
PF1 创业激情：创办新公司让我很兴奋	0.200	0.248	0.748
PF3 创业激情：培育新业务浮现迹象，让我很享受	0.258	0.483	0.518

总量表α值=0.919

注：因子抽取采用主成分分析法；因子转轴采用方差最大化正交旋转。

同样，采用相同的方法对"反事实思维"的3个题项进行探索性因子分析。由统计结果得知KMO值为0.713，并通过Bartlett's球形检验（p<0.000），说明数据符合因子分析的条件。在进行迭代式多轮主成分因子分析后，发现大于1的特征值有1个，因此提取了1个因子，并采用方差最大化正交旋转。3个题项的因子负载均大于0.5，分析结果见表6-2。根据统计数据，旋转后累计解释方差量达到71.854%，因子结构合理，说明具有很好的结构效度。

表6-2　　　　　　　　创业者反事实思维的探索性因子分析

题项	因子载荷
	1
FS1事件1	0.729
FS2事件2	0.719
FS3事件3	0.707
总量表α值=0.808	

注：因子抽取采用主成分分析法；因子转轴采用方差最大化正交旋转。

再次，我们对"创业机会开发"进行因子分析。结果显示，KMO值为0.839，并通过Bartlett's球形检验（p<0.000），说明数据符合因子分析的条件。在进行迭代式多轮主成分因子分析后，发现大于1的特征值有2个，且每个题项的因子负载均大于0.5，分析结果见表6-3。根据统计数据，旋转后累计解释方差量达到68.389%。从表6-3中可以看出，因子结构合理，说明具有很好的结构效度。

表6-3　　　　　　　　创业机会开发的探索性因子分析

题项	因子载荷	
	1	2
均衡型机会开发（α=0.769）		
JH1从事现有市场业务	0.829	0.222
JH2提供现有的产品或服务	0.786	0.214
JH3追求较低风险、较低收益的项目	0.702	0.346
创新型机会开发（α=0.758）		
CX1开辟新的市场	0.186	0.864
CX3追求较高风险、较高收益的项目	0.266	0.797
CX2提供全新性能的产品和服务	0.449	0.634
总量表α值=0.836		

注：因子抽取采用主成分分析法；因子转轴采用方差最大化正交旋转。

最后，我们将所有潜变量合并，进行探索性因子的总体分析，以初步区分变量的结构效度。结果见表6-4。表6-4的结果显示，全部条目可以被有效地区分为6个因子。

表6-4　　　　　　　　　　全部潜变量探索性因子分析

题项	因子载荷					
	1	2	3	4	5	6
PI3	0.818	0.120	−0.004	0.189	−0.081	0.200
PI4	0.724	0.336	0.178	0.127	0.091	0.031
PI2	0.616	0.065	0.395	0.358	−0.109	−0.043
PI1	0.599	0.341	0.320	0.167	−0.104	0.091
PI5	0.597	0.333	0.123	0.344	0.058	0.092
PF4	0.187	0.790	0.115	0.081	0.006	0.148
PF2	0.211	0.771	0.086	0.251	0.022	0.050
PF1	0.221	0.752	0.077	0.205	0.110	0.075
PF3	0.199	0.543	0.218	0.455	−0.194	0.103
JH2	0.166	0.128	0.808	0.132	−0.017	0.080
JH1	0.093	0.141	0.726	0.089	0.137	0.228
JH3	0.128	0.001	0.701	0.152	−0.083	0.203
PD4	0.231	0.284	0.210	0.790	0.025	−0.012
PD3	0.278	0.266	0.067	0.747	0.066	0.219
PD2	0.470	0.184	0.240	0.610	0.140	0.066
PD1	0.113	0.147	0.103	0.511	−0.022	0.255
CX2	0.005	0.003	−0.083	0.110	0.856	0.020
CX1	0.032	−0.019	−0.061	−0.087	0.843	0.080
CX3	0.165	0.220	−0.009	0.060	0.576	0.436
FS1	−0.087	0.071	0.157	0.048	−0.063	0.822
FS3	0.086	0.222	0.299	0.081	0.111	0.780
FS2	0.170	0.028	0.343	0.161	−0.059	0.756

6.2.3　可靠性与敏感性检验

确定因素后，继续进行量表可靠性的Cronbach's α信度检验。表6-1至表6-4中的结果显示，总量表及各维度量表Cronbach's α值均大于0.7，说明本书中的量表具有很好的内部一致信度。敏感性（sensitivity）检验是量表开发需要考虑的一个重要指标。本书采用5级李克特量表，对于所有测量问题，回答者都被要求从"完全不符合"题项描述情况到"完全符合"题项描述情况作答，因此，该问卷对于回答者的态度变化将是敏感的（韩维贺等，2006）。此外，对于每个过程的维度，都有2道以上的问题进行测量，这也可以提高问卷的敏感性（Zikmund，2002）。

6.3　验证性因子分析与描述性统计

在研究的第二阶段，我们对变量进行验证性因子分析并对理论假设进行实证检验。如前所述，第二阶段共发放问卷约350份，历时5个月，回收211份，回收率约为60.3%。剔除关键数据缺失后有效问卷134份，有效问卷率为63.5%。结合第一次问卷发放研究者筛选出的有效问卷76份，正式研究问卷为210份。

6.3.1　样本及主要变量的描述性统计

1.样本对象个体特征

（1）年龄特征。最终使用的正式样本中创业者年龄差异较大，从20岁至45岁不等，平均年龄为29岁。这反映了目前我国创业一代的主要力量是出生于20世纪70年代和80年代初的这部分青年，无论是否是家族企业后代，许多创业者都是在改革开放后出生和成长的人群。20世纪70年代末期之后，私营经济体制力量的逐步增强和快速发展，使得这部分人群生长在创业精神极度活跃的环境中。这也是造成他们在职业选择中具有更加强烈的创业精神的原因。与五年前本书作者的另外一项研究相比，青年一代创业者的年龄由平均32岁前置到29

岁。这说明2014年后，大众创业万众创新政策等的出台，对目前青年创业形成了积极的推动作用。

（2）性别特征。样本中男性占52.4%，女性占47.6%，说明在创业群体中，男性与女性比例差异并不大。但在有家族创业经验的人群中，男性大约是女性的2倍。这在一定程度上可以说明家族企业中仍然将儿子作为继任企业和跨代创业的主要力量，而女儿的职业选择则更广泛。

（3）被调查者的其他特征。样本中50%被调查者有家族创业经验，且参与其中，可以被定义为广义家族跨代企业家；48.1%为一般创业者，无家族创业经验；1.9%数据缺失。这说明样本基本符合本书的需要。受教育程度方面，11.5%的被调查者的学历水平为高中及以下，11.4%为大专学历，55.7%为大学本科学历，21.4%为研究生及以上学历。从学历分布上可以看出，目前青年一代创业者的学历水平普遍较高，接受过良好的学历教育。

2.企业特征

（1）企业所处行业特征。样本企业的行业包括了建筑、制造、地产、餐饮、服务等多个行业。在以往一手问卷调查研究中，我们经常发现，有许多被试不能完整地填答行业一项，缺失较多，因此本书设计了有关行业的一个选项，询问被调查者其行业是否属于高科技或高技术行业，以及是否属于制造、服务或其他行业。因为在研究模型中曾提到，高技术行业等对于创新及机会开发过程有很大的影响。从选择来看，65.6%的被调查者回答自己所在企业属于高技术行业，34.4%认为自己处于传统行业。

（2）企业年龄。样本中的创业企业平均年龄为8年。如果以Zahra（2004）、Chrisman（1998）、Biggadike（1979）等人所提出的8年作为企业的创业期，那么新创企业的占比将达到一般水平以上。

（3）企业规模。样本企业以中小企业为主，按照总资产规模来界定的话，总资产规模大部分在5 000万元以下，说明在家族企业的跨代创业及非家族创业中，仍以中小型企业为主。从员工人数来看，最少为2

人，最大规模为50 000人，平均员工人数为610人。

3.主要变量的描述性统计

表6-5汇报了主要变量的描述性统计结果。

表6-5　　　　　**测量指标的描述性统计（N=210）**

指标	数量	%	指标	最小值	最大值	均值
学历（高中及以下）	24	11.5	年龄	20	45	29
学历（大专）	24	11.4	创新激情	1.4	5	3.81
学历（本科）	117	55.7	创建激情	1	5	3.61
学历（研究生及以上）	45	21.4	发展激情	1.75	5	3.78
性别（男）	110	52.4	反事实思维	1	5	2.86
性别（女）	100	47.6	均衡型机会开发	1	5	3.59
家族创业经验	105	50%	创新型机会开发	1	5	3.53

注：百分比按有效数据计算。

由统计结果可知：

（1）家族创业经验。按实际比率计算，样本中有50%受访者具有家族创业经验，如果按有效比率来算，达到51%。非家族跨代企业家的一般创业者占比为49%。两类创业者分布基本均等，基本符合其后的研究样本需求。

（2）创业激情。在样本对象中，创新激情最小值为1.4，最大值为5，均值为3.81；创建激情最小值为1，最大值为5，均值为3.61；发展激情最小值为1.75，最大值为5，均值为3.78。对比三类创业激情可以看出，样本对象在创新激情方面表现最为明显，其次是发展激情，创建激情均值最小。同时，可以发现，创建激情的方差也最大。概括地说，对样本对象来说，体验到的创新激情普遍较高，而创建激情因人而异。但从三类激情表现的均值绝对值来看，均大于3，表明创业者体验到的创业激情水平普遍较高。

（3）反事实思维。样本中创业者的反事实思维水平介于1到5之间，平均为2.86。这说明样本对象在反事实思维方面的表现较为中等。

（4）机会开发。无论是均衡型机会开发，还是创新型机会开发，受访者回答程度均为最小值1，最大值5，两类创业机会开发的均值差异不大。均衡型机会开发的均值为3.59；创新型机会开发的均值为3.53。总的来看，样本对象仍然更多地选择均衡型的渐进式机会开发模式，但同时也非常重视进入新市场、开发新产品或服务的机会。从均值来看，两类机会开发的均值均大于3，说明样本对象所在企业的创业机会开发水平处于中等偏上水平。

6.3.2　量表的验证性因子分析

对于问卷中的所有潜变量，在上一节中进行了探索性的因子分析。根据 Churchill（1979）的建议，对修正后的各变量测量量表及其结构需用独立、更多样化的样本进行验证。这样使探索性因子分析获得的模型建构更倾向于统计而非逻辑，从而得到验证。因此，在正式样本中，利用结构方程模型对研究模型进行了验证性因子分析。其中，PI 代表创新激情；PD 代表发展激情；PF 代表创建激情；各变量具体测量条目见表6-1至表6-3。创业机会开发也是如此，JH 代表均衡型机会开发；CX 代表创新型机会开发；FS 代表反事实思维，各标量具体测项见表6-1至表6-3。

根据侯杰泰等人（2004）的推荐，RMSEA、CFI 和 NNFI、TFI 等是考察拟合优度的较好指标，RMSEA<0.08、CFI 和 NNFI 大于 0.9 表示模型拟合较好，从验证性因子分析结果来看 Chi-Square/df = 8.11；CFI=0.909、TFI=0.892，均大于或非常接近 0.9，RMSEA 为 0.061，小于推荐值 0.08；SRMR=0.054，同样小于 0.08。因此，总体来看，测量模型与数据拟合较好。从因子载荷来看，每个测项在其所对应变量上的因子载荷均通过了 t 检验，所有的因子载荷都是显著的，各测项的因子载荷最低为 0.56，其余基本都大于 0.6，表明各测项均可成为相应变量的有效

测量。之后，根据确认性因子分析的结果，采用科学研究工具对潜变量的内容效度、建构效度（包括收敛效度和判别效度）进行验证，以确定量表的适用性。

1.内容效度（Content Validity）检验

内容效度是指量表的"内容适切性"，即量表内容是否能准确地涵盖所要测量的内容。换言之，内容效度是指测量本身所包含概念意义的范围或程度，一般可通过主观进行测量（Zikmund，2002）。本书针对研究问题，通过整理和参考相关文献，也参考过去实证研究（包括内容分析和实证测量）的结论，并通过深度访谈资料加以发展。量表完成后，与家族治理和创业学领域的专家、同学多次进行了探讨，确保了问卷内容的有效性。

2.收敛效度（Convergent Validity）检验

该有效性可以通过计算标准化的因子负载及其显著性来判断，如果各个维度下指标的因子负载值均显著大于0.5，则符合收敛有效性。通过结构方程的检验，本书中所有潜变量的测量指标标准化因子负载均显著大于0.5，因此具有收敛效度。

3.判别效度（Discriminate Validity）检验

判别效度是指一个概念与其他应该有所不同的概念之间的不相关（即差异）程度，可通过考察潜变量的平均抽取变异量（AVE值）来判断。Fornell和Larcker（1981）曾指出：若各因子的AVE值都大于0.5；或各因子的AVE值大于其相关系数的平方值，则可称测量模型具有判别效度。根据结果对各个因子的AVE值进行计算，结果发现，所有因子的AVE值均大于0.5，且大于各维度相关系数平方值。总体来说，问卷中的测量模型是具有判别效度的。明确测量模型的效度和信度，接下来一节将进行方差分析，进而筛选可能的控制变量。尽管本书的一些客观问题采用了企业内部高管人员等其他来源的回答，但大部分关键潜变量来自同一回答者，因此，应进行共同方法偏差的检验，以保证研究的有效性。

6.4 方差分析与共同方法偏差检验

6.4.1 方差分析

　　为了考察假设中所提出的控制变量和其他样本关键特征变量对研究中的自变量和因变量的影响，利用单因素方差分析（one-way ANOVA）来测试这些变量对自变量和因变量的影响的样本均数差别是否显著，以确定在后续研究中需要对哪些有显著差别的特征变量加以控制。从表6-6至表6-9的分析结果可知，创业者性别对家族创业经验有显著影响，研究中的其他各项关键变量并没有显著影响。创业者年龄对研究中的创新激情、发展激情、反事实思维和两类创业机会开发有显著影响，说明创业者的年龄是影响其创业激情、认知思维和机会开发的一个重要因素。创业者受教育程度对于家族创业经验、部分创业激情与部分创业机会开发、反事实思维都有显著的影响。创业企业的规模对于创业激情、创业机会开发、反事实思维各维度变量都有显著的影响。其他人口统计特征与其他企业特征如职位、企业年龄、行业对主要研究变量没有显著的方差区别的影响。此处表明的结果是，在后续研究中，有必要将创业者年龄、性别、受教育程度、企业规模（员工对数）纳入模型作为控制变量加以分析。

表6-6　　　　　　　　创业者性别与各变量的方差分析

变量		方值	自由度	均方值	F	Sig.
家族创业经验	组间	0.967	1	0.967	3.905	0.049
	组内	50.514	204	0.248		
	合计	51.481	205			
创新激情	组间	0.096	1	0.096	0.164	0.686
	组内	121.432	208	0.584		
	合计	121.528	209			

变量		方值	自由度	均方值	F	Sig.
发展激情	组间	0.149	1	0.149	0.221	0.639
	组内	140.538	208	0.676		
	合计	140.687	209			
创建激情	组间	1.204	1	1.204	1.551	0.214
	组内	161.417	208	0.776		
	合计	162.620	209			
均衡型机会开发	组间	0.010	1	0.010	0.017	0.895
	组内	121.334	208	0.583		
	合计	121.344	209			
创新型机会开发	组间	0.282	1	0.282	0.415	0.520
	组内	141.073	208	0.678		
	合计	141.355	209			
反事实思维	组间	0.133	1	0.133	0.163	0.686
	组内	168.659	208	0.811		
	合计	168.792	209			

表6-7 创业者年龄与各变量的方差分析

变量		方值	自由度	均方值	F	Sig.
家族创业经验	组间	6.975	20	0.349	1.450	0.104
	组内	44.506	185	0.241		
	合计	51.481	205			
创新激情	组间	20.856	20	1.043	1.958	0.011
	组内	100.672	189	0.533		
	合计	121.528	209			
发展激情	组间	19.955	20	0.998	1.562	0.066
	组内	120.732	189	0.639		
	合计	140.687	209			
创建激情	组间	15.639	20	0.782	1.005	0.458
	组内	146.981	189	0.778		
	合计	162.620	209			
均衡型机会开发	组间	30.284	20	1.514	3.143	0.000
	组内	91.060	189	0.482		
	合计	121.344	209			
创新型机会开发	组间	24.219	20	1.211	1.954	0.011
	组内	117.136	189	0.620		
	合计	141.355	209			
反事实思维	组间	27.868	20	1.393	1.869	0.017
	组内	140.924	189	0.746		
	合计	168.792	209			

表6-8　　　　　　　创业者受教育程度与各变量的方差分析

变量		方值	自由度	均方值	F	Sig.
家族创业经验	组间	2.279	4	0.570	2.328	0.058
	组内	49.202	201	0.245		
	合计	51.481	205			
创新激情	组间	5.804	4	1.451	2.570	0.039
	组内	115.724	205	0.565		
	合计	121.528	209			
发展激情	组间	2.815	4	0.704	1.046	0.384
	组内	137.872	205	0.673		
	合计	140.687	209			
创建激情	组间	2.801	4	0.700	0.898	0.466
	组内	159.819	205	0.780		
	合计	162.620	209			
均衡型机会开发	组间	4.086	4	1.021	1.786	0.133
	组内	117.258	205	0.572		
	合计	121.344	209			
创新型机会开发	组间	9.694	4	2.423	3.773	0.006
	组内	131.661	205	0.642		
	合计	141.355	209			
反事实思维	组间	10.329	4	2.582	3.340	0.011
	组内	158.463	205	0.773		
	合计	168.792	209			

表6-9   企业规模与各变量的方差分析

变量		方值	自由度	均方值	F	Sig.
家族创业经验	组间	16.580	68	0.244	0.955	0.577
	组内	30.899	121	0.255		
	合计	47.479	189			
创新激情	组间	52.802	69	0.765	1.620	0.010
	组内	58.091	123	0.472		
	合计	110.893	192			
发展激情	组间	61.420	69	0.890	1.726	0.004
	组内	63.427	123	0.516		
	合计	124.847	192			
创建激情	组间	73.059	69	1.059	1.789	0.003
	组内	72.781	123	0.592		
	合计	145.840	192			
均衡型机会开发	组间	49.524	69	0.718	1.466	0.033
	组内	60.223	123	0.490		
	合计	109.747	192			
创新型机会开发	组间	69.205	69	1.003	1.864	0.001
	组内	66.196	123	0.538		
	合计	135.401	192			
反事实思维	组间	69.809	69	1.012	1.590	0.013
	组内	78.244	123	0.636		
	合计	148.053	192			

6.4.2 共同方法偏差的分析处理

共同方法偏差（同源误差，common mathod bias）是在采用自我评价（self-report）的问卷调查方法时都可能遇到的问题。本书的问卷首先部分采用了客观指标，在一定程度上减少了共同方法偏差的问题。同时，按照Podsakoff等（2003）推荐的方法，本书采用了多种方式来避免或处理共同方法偏差。我们使用程序方法和统计技术来减少这种潜在的偏见。第一，我们精心设计了问卷，以避免模糊的概念，并保持问题的简单和具体。这些程序可能会降低受访者的"评价顾虑，使他们能更自然、无防备地遵从自己内心的真实想法来回答问卷"（Podsakoff、MacKenzie、Lee和Podsakoff，2003）。第二，我们向受访者保证，他们的答案是保密的，调查中的问题没有正确或错误的答案（Li、Bingham和Umphress，2007；Zhang和Li，2010）。第三，本书中的问卷以责任人的形式发放，提示填答者注意填答条件，并在问卷中注明了"不记名""为您严格保密""仅用于学术研究"等提示，而且鼓励对研究有兴趣的受访者留下联系方式以备补充遗漏信息。对于委托他人代为访问的情况，编写了详细的问卷发放及填写指南，要求访问者记录发放问卷数量及回收数量、受访者及其所在企业的一般情况，以备补充。这样，尽可能地排除调研对象的猜疑，保证数据质量，保证了保密性。第四，在问卷设计时就将自变量、因变量的题项分开，避免被测者将它们联系在一起。第五，主要变量之间的相关性基本都在0.50以下，这意味着没有证据表明CMB（共同方法偏差简称）存在高相关性（Siemsen、Roth和Oliveira，2010）。第六，我们使用Harman单因素测试（Podsakoff和Organ，1986）来检查这个潜在的问题。将问卷中的所有条目放在一起做因子分析，不进行旋转的第一个主成分就是CMB的量，如果这个量不占大多数，那么共同方法偏差的情况就不足以影响到研究结论。各变量的因素分析得出6个因素，占总方差的69.375%，第一个因素只解释了总方差的14.522%，不占大多数，最大限度地减少了我们研究结果中严重的共同方法偏差的可能。由于没有出现一个单一的因素来解释大多数的方差，所以共同方法偏差不太可能成为数据中的一个问题。所有这些方法都保证了我们的研究不受共同方法偏差的显著影响。

6.5 实证分析与模型检验

在明确了量表的信度、效度和各主要变量的描述性统计之后，本节针对第5章提出的理论模型中各个假设进行检验。首先，本节将进行相关分析的检验，其次依次对模型中的主效应、中介效应及调节效应进行检验。通过上述步骤，对理论模型中的假设是否能得到验证给出结论。

6.5.1 相关性分析

本部分首先对研究中的所有变量进行相关性分析，表6-10列出了各变量的均值、标准差和皮尔逊相关系数。从统计结果可见，家族创业经验与创业激情、创业机会开发正相关。其中，家族创业经验与创新激情、创建激情的显著度更高，与发展激情在0.1水平上显著相关，这初步表现出家族创业经验是影响创业者创业激情与机会开发活动的积极因素。也就是说，具有家族经验的家族企业后代与一般创业者相比，其创业激情及机会开发水平可能更积极。反事实思维与两类创业机会开发都呈正向相关关系，而与自变量家族创业经验及中介变量创业激情都不相关。这说明，有必要进一步检视当创业者的反事实思维作为一种调节变量的时候，创业激情与创业机会开发的关系是否会产生变化。当然，这种关系需要通过回归分析进一步确认和检验。同时我们观察到，创新型机会开发与反事实思维呈现出0.1水平的边缘显著相关，说明反事实思维从相关性上来看，与均衡型机会开发的关系更为密切。

在控制变量中，创业者年龄与创业机会开发显著相关，且呈负向，但与创业激情、反事实思维却没有显著关系。这反映了在本书的调查对象中，随着创业者年龄的增长，其趋于创新、冒险、试错的导向逐步减弱，越是年轻的创业者，其在机会开发方面的行为越活跃。然而，尽管

表6-10　各变量均值、标准差与相关性分析

	均值	标准差	1	2	3	4	5	6	7	8	9	10	11
1. 家族创业经验	0.51	0.50	1										
2. 创新激情	3.81	0.76	0.182**	1									
3. 创建激情	3.61	0.88	0.189**	0.621**	1								
4. 发展激情	3.78	0.82	0.127*	0.746**	0.631**	1							
5. 反事实思维	0.48	0.29	0.090	0.029	0.008	0.002	1						
6. 均衡型机会开发	3.59	0.76	0.209**	0.452**	0.354**	0.432**	-0.159*	1					
7. 创新型机会开发	3.53	0.82	0.127	0.447**	0.407**	0.433**	-0.123^	0.622**	1				
8. 创业者年龄	29.23	4.57	-0.041	-0.100	-0.051	-0.121^	0.044	-0.185**	-0.180**	1			
9. 创业者性别	0.52	0.50	0.137	0.028	0.086	-0.033	0.002	0.009	-0.045	0.145*	1		
10. 受教育程度	2.20	1.04	0.195**	-0.174**	0.003	-0.060	-0.007	-0.101	-0.111	0.186**	-0.105	1	
11. 企业规模	4.33	2.64	-0.011	0.234**	0.005	0.202**	-0.175**	0.235**	0.242**	0.030	-0.008	-0.174*	1

注: **表示在0.01水平上显著; *表示在0.05水平上显著; ^表示在0.1水平上显著（双尾）。

在机会开发行动上有所差异，年龄却并不是影响创业激情体验的关键性因素。可以看到，年龄和创业激情、思维认知之间没有必然的联系。这说明创业激情体验可能是存在于任何一个年龄段的创业者身上的。就创业者性别而言，其主要与家族创业经验相关，这种关系更可能反映出样本对象的子女分布特征，即有家族创业经验的家族企业成员，其子女中，儿子占比仍然要比女儿多一些，呈现出性别与家族创业经验的正相关关系。就受教育程度程度而言，其与家族创业经验正相关，提示家族跨代企业家的受教育程度较一般创业者更高。受教育程度与创新激情显著负相关，说明随着受教育程度的提高，创业者追逐创新的冒险性行为被抑制。就企业规模的控制变量而言，可以看到，企业规模越大，创业者可识别与开发的机会就越多，反映出有关机会开发的知识与资源是蕴涵在企业不断壮大发展的过程中的。此外，企业规模越大，创业者的创业激情水平越高，这反映了二者之间的积极关系。这是因为，一方面，企业规模的增大带来了业务规模或范围的扩大，这就为孕育新的创业机会提供了可能；另一方面，也有可能是具有较高创业激情水平的创业者，更有能力促成企业的成长。相关性分析初步展示了主要关键变量间可能存在的关系，但变量间的逻辑因果关系仍需进一步通过回归分析进行检验。

6.5.2 主效应及中介作用分析

1.主效应分析

为了检验 H1～H3 中家族创业经验、创业激情对于创业机会开发的作用关系，本书采用多元回归方法进行检测。利用 SPSS 23.0 进行验证。控制变量为创业者年龄、性别、受教育程度及企业规模。表 6-11 至表 6-13 给出了统计分析的结果。在进行多元回归分析的时候，必须注意共线性的问题。表 6-11 至表 6-13 中显示了容忍度系数和方差膨胀因子两个指标，一般认为容忍度接近于 0，可能存在共线性。当方差膨胀因子（VIF 值）等于 1 时意味着该自变量与其他自变量都是不相关的，因而没有多重共线性。如果 VIF 值超过 10，则意味着存在严重的多重共线性问题（Kennedy，1992）。从表 6-11 至表 6-13 的数值中可以看出，本书的两个指标值在这方面的表现都非常好，不存在共线性的问题。

为了考察创新激情、创建激情和发展激情各种不同的创业激情体验带来的不同影响，通过逐步增加变量的方式进行回归。根据吴明隆（2001）的说明，研究者可以根据需要选择逐步回归法（stepwise）来选择可进入模型的变量或在有预先设定假设的情况下，使用强迫进入法。逐步回归法结合了顺向选择法（forward selection）和逆向剔除法（backward elimination）的优点，可以帮助研究者挑选出对模型具有重要意义，与因变量相关性最高的自变量进入模型，其依据是在控制回归方程式中的变量后，根据每个预测变量与因变量之间的偏相关（partial correlation）的高低来决定自变量进入方程式的顺序，其标准在于自变量的标准化回归系数必须通过 F 值或 F 概率值规定的标准。Hower（1987）指出，研究者在进行多元回归时，应优先使用强迫进入法或逐步回归法，同时可根据研究规划时的相关理论，决定变量进入方程式的顺序。因为在理论模型中，每一种创业激情及家族创业经验均对创业机会开发具有重要的影响，因此，在逐步回归筛选过自变量后，我们仍是将所有自变量都进行保留纳入方程，通过进入法（enter）加入模型，但分析得出的偏相关程度最小的自变量最后加入模型。按照本书的理论假设，首先验证家族创业经验对三类创业激情的影响；其次检验家族创业经验对两类创业机会开发的影响；最后检验三类创业激情在家族创业经验与创业机会开发之间的中介作用。在每一个回归模型表中，模型 1（Model1）为只加入控制变量的初始模型。从模型 2 开始，则是根据逐步回归的结果，针对每一个因变量所添加的自变量的方程式。通过这个过程，我们也可以检验在整体方程式和部分变量进入的方程式中，每个自变量作用的稳定程度如何。

表6-11首先检验了家族创业经验对三类创业激情的影响。从表6-11可以看出，Model1是只加入控制变量的纯模型，年龄控制变量对创新激情、发展激情具有显著的抑制作用，而对于创建激情作用不大。企业规模对创新激情、发展激情具有积极的正向影响，说明随着企业规模的扩大，创业者会更加关注创新及形成现有事业与产业的可持续发展。家族创业经验对创新激情、创建激情及发展激情均有显著的积极作用。其

中，家族创业经验对创新激情（标准化回归系数 B=0.229；Sig.<0.01）
与创建激情（标准化回归系数 B=0.218；Sig.<0.01）的影响显著度要大
于家族创业经验对发展激情（标准化回归系数 B=0.133；Sig.<0.05）的
影响。上述结果表明，作为家族企业的后代，或者说作为家族企业跨代
企业家，这部分创业者在持续创新、开拓新事业方面具有更加积极的动
力。H1 得到了验证。

表6-11   家族创业经验对创业激情的回归分析

变量	创新激情		创建激情		发展激情	
	Model 1	Model 2	Model 3	Model 4	Model 5	Model 6
年龄	−0.124^	−0.119^	−0.071	−0.065	−0.169*	−0.165*
性别	0.006	0.035	0.046	0.074	−0.066	−0.049
受教育程度	−0.136^	−0.183*	0.003	−0.041	−0.030	−0.057
企业规模	0.221**	0.215**	0.046	0.040	0.210**	0.206**
家族创业经验		0.229**		0.218**		0.133*
Adjusted R^2	0.096	0.146	0.091	0.230	0.079	0.096
ΔR^2	0.096**	0.049**	0.091**	0.148**	0.079**	0.016*
F	4.925**	6.272**	7.890**	8.665**	3.977**	3.893**

注：**表示在 0.01 水平上显著，*表示在 0.05 水平上显著，^表示在 0.1 水平上
显著。表中系数为标准化回归系数。

表6-12 检验了家族创业经验对两类机会开发，即均衡型机会开发
模式与创新型机会开发模式的影响。从表6-12的结果可以看出，控制
变量中企业规模是影响两类机会开发的重要因素，无论是均衡型机会开
发还是创新型机会开发，随着企业规模的扩大，对机会开发的需求逐步
增多，这也体现了企业需要在发展中不断创新的过程。家族创业经验对
两类创业机会开发活动均有显著的积极作用。其中，家族创业经验对均
衡型机会开发的影响（标准化回归系数 B=0.234；Sig.<0.01）显著度要
大于家族创业经验对创新型机会开发（标准化回归系数 B=0.136；Sig.<

0.05）活动的影响。上述结果表明，家族企业跨代企业家更加重视创业企业的稳定性发展。H2a和H2b均得到了验证。

表6-12　　　　家族创业经验对创业机会开发的回归分析

变量	均衡型机会开发		创新型机会开发	
	Model 1	Model 2	Model 3	Model 4
年龄	−0.100	−0.094	−0.085	−0.082
性别	0.009	0.039	−0.101	−0.084
受教育程度	−0.013	−0.060	−0.066	−0.093
企业规模	0.260**	0.253**	0.300**	0.296**
家族创业经验		0.234**		0.136*
Adjusted R^2	0.077	0.128	0.117	0.134
ΔR^2	0.077**	0.051**	0.117**	0.017*
F	3.862**	5.425**	6.120**	5.699**

注：**表示在0.01水平上显著，*表示在0.05水平上显著，^表示在0.1水平上显著。表中系数为标准化回归系数。

表6-13检验了三类创业激情对均衡型机会开发和创新型机会开发的影响。从回归结果可以看出，创新激情、创建激情与发展激情带来的创业机会开发的影响不尽相同。对于创新激情而言，它对两类创业机会开发都能够产生积极的显著作用（与均衡型机会开发的标准化回归系数B=0.197，Sig.<0.05；与创新型机会开发的标准化回归系数B=0.211，Sig.<0.05）。但对于创建激情和发展激情，它们对创业机会开发的影响呈现出不同。从表6-13的结果可以看到，发展激情主要影响的是均衡型机会开发活动（标准化回归系数B=0.203，Sig.<0.05），而创建激情主要影响创新型机会开发活动（标准化回归系数B=0.266，Sig.<0.01）。这说明，对于追求渐进式创新、较为稳定成长的企业来说，创业者的发展激情是推动其进步的主要原因之一；而持有创建激情的创业者，在创业激情的推动下会持续地追求新组织的成立和建设，这导致企业在创新性的机会寻求方面呈现出积极表现。综上，H3a、H3b、H3c均得到了验证。

表6-13　　　　　　　创业激情对创业机会开发的回归分析

变量	均衡型机会开发		创新型机会开发	
	Model 1	Model 2	Model 3	Model 4
年龄	−0.100	−0.031	−0.083	−0.027
性别	0.022	0.024	−0.070	−0.085
受教育程度	−0.016	0.017	−0.073	−0.042
企业规模	0.236**	0.152*	0.233**	0.172**
创新激情		0.197*		0.211*
创建激情		0.139		0.266**
发展激情		0.203*		0.063
Adjusted R^2	0.066	0.279	0.077	0.296
ΔR^2	0.066*	0.213**	0.077**	0.219*
F	3.318*	10.209**	3.941**	11.120**

注：**表示在0.01水平上显著，*表示在0.05水平上显著，^表示在0.1水平上显著。表中系数为标准化回归系数。

2.中介效应分析

接下来，本部分进行中介效应的检验，本部分的主要目的在于通过回归分析对创业激情的中介效应进行检验。第一步，本部分进行三步回归法的中介效应检验，在下一部分我们进行Bootstrapping的中介效应检验。

（1）基于三步回归法的中介效应检验

首先，本书借鉴Baron和Kenny（1986）提出的三步检验中介效应方法。三步回归法也称为因果步骤法，其检验步骤分为三步。第一步，自变量对因变量的回归，检验回归系数c的显著性；第二步，自变量对中介变量的回归，检验回归系数a的显著性；第三步，自变量和中介变量对因变量的回归，检验回归系数b和c′的显著性。如果系数c、a和b都显著，就表示存在中介效应。此时如果自变量对因变量的系数c′不显著，就称这个中介效应是完全中介效应（full mediation）；如果回归系数 c′ 显著，但 c′ <c，就称这个中介效应是部分中介效应（partial mediation）。中介效应的效果量（effect size）常用 ab/c 或 ab/c′ 来衡量。根据以上思想，本部分在表6-11、表6-12的基础上，进行家族创业经验、创业激情对创业机会开发的回归，所得结果见表6-14。

表6-14　　　　　　　　　　创业激情的中介效应分析

变量	均衡型机会开发			创新型机会开发		
	Model 1	Model 2	Model 3	Model 4	Model 5	Model 6
年龄	-0.100	-0.094	0-.030	-0.085	-0.082	-0.028
性别	0.009	0.039	0.037	-0.101	-0.084	-0.104
受教育程度	-0.013	-0.060	-0.013	-0.066	-0.093	-0.040
企业规模	0.260**	0.253	0.167	0.300**	0.296**	0.224**
家族创业经验		0.234**	0.144*		0.136*	0.027
创新激情			0.166*			0.219*
创建激情			0.101			0.221**
发展激情			0.227*			0.078
Adjusted R^2	0.077	0.128	0.301	0.117	0.134	0.321
ΔR^2	0.077**	0.051**	0.172**	0.117**	0.017*	0.187*
F	3.862**	5.425**	9.738**	6.120**	5.699**	10.701**
最大 VIF	1.070	1.114	2.714	1.070	1.114	2.714

注：**表示在0.01水平上显著，*表示在0.05水平上显著，^表示在0.1水平上显著。表中系数为标准化回归系数。

根据表6-14的回归结果，首先，Model2的F值为5.425，F值显著，表明控制了相关控制变量，加入自变量家族创业经验后回归模型有效。其次，调整的 R^2 在加入自变量家族创业经验后由原来的0.128变为0.301，且F值显著，说明模型的拟合优度显著提升。再次，模型的最大VIF值为2.714，数值在合理范围内，不存在多重共线性问题。最后，从标准回归系数来看，Model2中的自变量家族创业经验与均衡型机会开发在 0.01 水平上呈显著正相关，较之表 6-11，自变量与因变量间的关系未发生改变。接下来，在 Model3 中加入中介变量创业激情，自变量家族创业经验对均衡型机会开发的标准回归系数，由原来的 0.234（p<0.01）降为 0.144（p<0.05），但依然显著。并且，分析结果显示这一中介作用是由创新激情和发展激情带来的。因此，创新激情和发展激情在家族创业经验与均衡型机会开发的关系中起部分中介作用，H4a 成立。通过前述方法计算效果量，可以得出，创新激情大概解释了16.25% 的效果量，发展激情则解释了 12.9%。

表 6-14 中 Model4～Model6 的回归结果展示了创业激情在家族创业经验与创新型机会开发之间的中介效应。首先，Model5 的 F 值为 5.699，F 值显著，表明控制了相关控制变量，加入自变量家族创业经验后回归模型有效。其次，调整的 R² 在加入自变量家族创业经验后，由原来的0.134 变为 0.321，且 F 值显著，说明模型的拟合优度显著提升。再次，模型的最大 VIF 值为 2.714，数值在合理范围内，不存在多重共线性问题。最后，从标准回归系数来看，Model5 中的自变量家族创业经验与创新型机会开发在 0.05 水平上呈显著正相关关系，较之表 6-11，自变量与因变量间的关系未发生改变。接下来，在 Model6 中加入中介变量创业激情，自变量家族创业经验对创新型机会开发的标准回归系数，由原来的 0.136（p<0.05）降为 0.027（p>0.05），且回归系数不再显著。可以看出，创新激情和创建激情在家族创业经验与均衡型机会开发的关系中起到了完全中介作用，H4b 成立。按公式计算效果量，可以得出，创新激情大概解释了 36.89% 的效果量，发展激情则解释了 35.43%。

（2）基于 Bootstrapping 的中介效应检验

在传统的管理文献中，大概有 4 种验证中介变量效应的方法：除上文所提到的 Baron 和 Kenny 的三步回归法外，还有 Sobel 测验、自身抽样（Bootstrapping）、时间延迟模型等方法（罗胜强、姜嫚，2014）。在三步回归分析中自变量与因变量要有主效应，然而该方法虽然被广泛使用，但也饱受争议（方杰、张敏强、邱皓政，2012）。第一，三步回归法将自变量显著影响因变量作为中介效应检验的前提条件，即如果系数 c 不显著，就不存在中介效应了，但有学者认为这个前提条件是不必要的，这个前提条件的存在使得许多本来有意义的中介研究停止在第一步，抑制了中介研究的发展和应用。第二，Mackinnon（2002）通过模拟研究比较了三类中介效应检验方法的表现，发现三步回归法的统计功效（power）最低，并且容易低估第Ⅰ类错误率，统计功效最低成为三步回归法的主要批评来源。第三，三步回归法是通过一系列的假设检验去推测中介效应的有无，而不是直接检验中介效应 ab 是否显著不为 0，因此无法直接提供中介效应的点估计，也就无法提供中介效应的置信区间（Preacher 和 Hayes，2008；Mackinnon 和 Fairchild，2009；Fairchild 和 McQuillin，2010；Cheong，2011）。与三步回归法相比，Sobel 验证则帮我们解决了 ab 的抽样分布问题。但是在我们的一般管理研究中，样本量不会很大，而 Bootstrapping 则在一定程度上克服了样本量少的问题。Bootstrapping 即为自身抽样，简单来说自身抽样是把样本当成总体，在样本中自己再抽样。Bootstrapping 有基于样本和基于参数两种方式。一般单层次分析都是基于样本的 Bootstrapping。据此，本书使用 Mplus7 软件，将 Bootstrap 设为 1 000 次，95% 的置信区间，对本书的理论模型进行进一步的检验。检验结果见表6-15和表6-16。

表6-15　　　　　系数 Bootstrapping 检验结果（Ⅰ）

变量	Bootstrap（因变量：均衡型机会开发）					
	B	95%下限	95%上限	B	95%下限	95%上限
常量	3.376	2.914	3.816	1.549	0.741	2.343
年龄	−0.133	−0.353	0.093	−0.043	−0.269	0.171
性别	0.059	−0.156	0.259	0.056	−0.145	0.251
受教育程度	−0.043	−0.139	0.055	−0.009	−.0085	0.072
企业规模	0.075	0.039	0.114	0.050	0.013	0.087
家族创业经验	0.355	0.140	0.591	0.219	0.008	0.442
创新激情				0.165	−0.076	0.382
创建激情				0.088	−0.082	0.300
发展激情				0.212	0.007	0.386

注：Bootstrapping 结果基于 1 000 bootstrap 样本。

从表6-15的Bootstrapping结果可以看出，当仅加入家族创业经验时，其B值为0.355，且95%置信区间下限为0.140，95%置信区间上限为0.591，二者之间不包含0，说明该变量对均衡型机会开发的影响是显著的。加入创业激情后，家族创业经验系数值变为0.219，95%置信区间下限及上限值为[0.008，0.442]，提示该模型中家族创业经验的作用仍然显著。创新激情系数值为0.165，且95%置信区间下限为-0.076，95%置信区间上限为0.382，二者之间含0，说明该变量的影响不显著。同理，创建激情的作用也不显著。发展激情系数值为0.212，且95%置信区间下限为0.007，95%置信区间上限为0.386，二者之间不包含0，说明该变量的作用是显著的。与基于p值的系数检验相比，系数Bootstrapping不支持创新激情在家族创业经验与均衡型机会开发之间的中介作用，而支持发展激情在上述关系中的中介作用。

表6-16　　　　系数 Bootstrapping检验结果（Ⅱ）

变量	Bootstrap（因变量：创新型机会开发）					
	B	95%下限	95%上限	B	95%下限	95%上限
常量	3.499	3.096	3.901	1.476	0.849	2.153
年龄	-0.126	-0.309	0.050	-0.044	-0.221	0.131
性别	-0.140	-0.318	0.051	-0.173	-0.363	0.009
受教育程度	-0.073	-0.156	0.005	-0.031	-0.098	0.030
企业规模	0.096	0.061	0.130	0.073	0.036	0.109
家族创业经验	0.225	0.025	0.431	0.044	-0.143	0.240
创新激情				0.238	0.002	0.444
创建激情				0.211	0.024	0.387
发展激情				0.080	-0.120	0.265

注：Bootstrapping结果基于1 000 Bootstrap样本。

同样，从表6-16的系数Bootstrapping结果可以看出，当仅加入家族创业经验时，其对创新型机会开发影响的系数值为0.225，且95%置信区间下限为0.025，95%置信区间上限为0.431，二者之间不包含0，说明该变量对创新型机会开发的影响是显著的。当加入创业激情后，家族创业经验系数值变为 0.044，95% 置信区间下限及上限值为 [-0.143，0.240]，提示该模型中家族创业经验的作用不显著。创新激情系数值为 0.238，且 95% 置信区间下限为 0.002，95% 置信区间上限为 0.444，二者之间不含 0，说明该变量的影响显著。同理，创建激情系数值为 0.211，且 95% 置信区间下限为 0.024，95% 置信区间上限为 0.387，二者之间不包含 0，说明该变量的作用是显著的。发展激情的系数值在 95% 置信区间上限与下限 [-0.120，0.265] 内 Bootstrap 值含 0，说明其影响不显著。与基于 p 值的系数检验相比，系数 Bootstrap 同样不支持发展激情在家族创业经验与创新型机会开发之间的中介作用，而支持创新激情、创建激情在上述关系中的中介作用。

基于系数的 Bootstrapping 方法本质上仍然是采用三步回归分析的思路。接下来，我们针对模型的间接效应建立 Bootstrapping 模型。采用 PROCESS 程序，选取 Model4 进行三个并列中介的间接效应检验。表 6-17 的 Bootstrapping 检验显示，家族创业经验与均衡型机会开发之间存在显著的直接效应，且通过发展激情实现显著的间接效应（95% 置信区间上限与下限 Bootstrap 值不含 0）。但创新激情与创建激情的间接效应则不显著（95% 置信区间上限与下限 Bootstrap 值含 0）。这个结论与系数 Bootstrapping 的结果是一致的，与基于 p 值的中介作用检验存在的差异在于，不支持创新激情在家族创业经验与均衡型机会开发之间的间接效应，即中介作用。

表 6-17　　　间接效应的 Bootstrapping 检验结果 （Ⅰ）

Total effect of X on Y （均衡型机会开发）					
Effect	SE	t	p	LLCI	ULCI
0.3552	0.1078	3.2944	0.0012	0.1425	0.5679

Direct effect of X on Y					
Effect	SE	t	p	LLCI	ULCI
0.2185	0.1009	2.1648	0.0317	0.0193	0.4177

Indirect effect of X on Y				
	Effect	BootSE	BootLLCI	BootULCI
Total	0.1367	0.0632	0.0192	0.2686
创新激情	0.0577	0.0486	−0.0119	0.1816
创建激情	0.0334	0.0398	−0.0317	0.1223
发展激情	0.0456	0.0340	0.0001	0.1496

注：Bootstrapping结果基于1 000 Bootstrap样本，95%置信区间。

同理，表6-18的Bootstrapping检验显示，家族创业经验与创新型机会开发之间存在显著的直接效应，且通过创新激情和创建激情两个中介变量实现显著的间接效应（95%上限与下限置信区间Bootstrap值不含0），但发展激情的间接效应则不显著（95%上限与下限置信区间Bootstrap值含0）。这个结论与系数Bootstrapping的结果是一致的，与基于p值的中介作用检验也保持一致，即支持了创新激情、创建激情在家族创业经验与创新型机会开发之间的中介作用，不支持发展激情在上述关系中的中介作用。

表6-18　　　　间接效应的Bootstrapping检验结果（Ⅱ）

Total effect of X on Y （创新型机会开发）					
Effect	SE	t	p	LLCI	ULCI
0.2248	0.1174	1.9141	0.0572	−0.0069	0.4565
Direct effect of X on Y					
Effect	SE	t	p	LLCI	ULCI
0.0445	0.1087	0.4094	0.6827	−0.1700	0.2590

Indirect effect of X on Y				
	Effect	BootSE	BootLLCI	BootULCI
Total	0.1803	0.0705	0.0662	0.3529
创新激情	0.0835	0.0548	0.0064	0.2336
创建激情	0.0797	0.0496	0.0056	0.2118
发展激情	0.0171	0.0303	−0.0304	0.0945

注：Bootstrapping结果基于1 000 Bootstrap样本，95%置信区间。

综合三步回归法及 Bootstrapping 方法的检验结果，可以发现，家族创业经验对均衡型机会开发存在着直接效应和间接效应两条路径。家族创业经验对均衡型机会开发的间接作用是通过发展激情来实现的。创新激情与创建激情则相反，更能解释家族创业经验对创新型机会开发之间的间接作用。创新激情及创建激情完全中介了家族创业经验与创新型机会开发的关系，也就是说，家族跨代企业家通过创新激情和创建激情实现了对创业企业创新机会的开发。综上所述，H4a 得到了部分支持，H4b 得到了证实。

6.5.3 调节作用分析

为验证 H5 及 H6，本部分我们将进行创业者反事实思维对创业机会开发的直接作用及调节作用的检验。

1.反事实思维对创业激情与均衡型机会开发关系的调节

表 6-19 展示了反事实思维是如何对创业激情与均衡型机会开发之间的关系形成调节作用的。表 6-19 中的 Model1 是仅加入控制变量的纯模型，与前述回归一致，对均衡型机会开发产生主要影响的控制变量是企业规模。Model2 展示了在加入自变量家族创业经验后，均衡型机会开发的影响和模型解释力的变化。Model2 ~ Model5 的结果展示出，家族创业经验对于均衡型机会开发一直具有稳定的积极作用。Model3 展示了加入自变量家族创业经验和中介变量三类创业激情后模型的解释力变化和各变量的影响显著性。可以看出，发展激情对均衡型机会开发具有积极的正向影响。Model4 是继续加入调节变量反事实思维后的结果。从标准化系数来看，反事实思维对均衡型机会开发没有显著的影响，H5a 未能得到验证。为了考察其调节作用，在 Model5 中，我们构建反事实思维与创新激情、创建激情及发展激情的交乘项，并依次进入模型观察系数及模型 R^2 变化。Model5 的结果显示，尽管反事实思维对均衡型机会开发本身并无直接的作用，但其显著调节了三类创业激情与均衡型机会开发之间的关系。具体来说，创业者反事实思维首先正向调节了发展激情对均衡型机会开发的积极作用，也就是说，当创业者反事实思维水平较高时，发展激情对均衡型机会开发的积极作用进一步增强。然

而，创业者反事实思维对另外两类创业激情与均衡型机会开发之间的关系则是显著的负向调节。也就是说，尽管创新激情和创建激情并没有对均衡型机会开发产生直接的显著影响，但当它们与创业者反事实思维交互在一起时，则在不同的反事实思维水平下，显示出对均衡型机会开发的不同影响。当创业者的反事实水平提高时，创新激情和创建激情对均衡型机会开发的影响减弱。

表6-19　　　反事实思维的调节作用分析（均衡型机会开发）

变量	因变量：均衡型机会开发				
	Model 1	Model 2	Model 3	Model 4	Model 5
年龄	−0.100	−0.094	−0.030	−0.026	−0.034
性别	0.009	0.039	0.037	0.037	0.039
受教育程度	−0.013	−0.060	−0.013	−0.018	0.001
企业规模	0.260**	0.253**	0.167*	0.152*	0.128^
家族创业经验		0.234**	0.144*	0.139*	0.143*
创新激情			0.166	0.163	0.209*
创建激情			0.101	0.098	0.179
发展激情			0.227*	0.234*	0.123
反事实思维				0.069	0.096
反事实思维×创新激情					−0.201^
反事实思维×创建激情					−0.178*
反事实思维×发展激情					0.192^
Adjusted R^2	0.077	0.128	0.301	0.305	0.350
ΔR^2	0.077**	0.051**	0.172**	0.004	0.045**
F	3.862**	5.425**	9.738**	8.791**	7.947**
最大 VIF	1.070	1.114	2.714	2.716	3.124

注：**表示在0.01水平上显著，*表示在0.05水平上显著，^表示在0.1水平上显著。表中系数为标准化回归系数。

　　为了更直观地观察到创业者反事实思维对三类创业激情与均衡型机会开发关系的影响，绘制调节作用的简单斜率图如图6-1、图6-2及图6-3所示。从图6-1和图6-2的结果可以看出，当创业者反事实思维程度较低时，创新激情和创建激情有助于均衡型机会开发的产生和实现；当创业者反事实思维水平较高时，创新激情与创建激情对均衡型机会开发没有什么作用。这说明，虽然反事实思维对于创业者而言是一种积极有用的思考场景，但是由于我们的样本对象基本上反映出的是上行反事实思维，即针对过去已经发生的事件，想象如果满足某种条件就有可能取得比实际结果更好的结果，其中表现出个体有不满足和懊悔的成分在里面。因此，当创业者过多地沉浸在这样的思维过程中的时候，会降低其通过创新或新创的手段去追求创业机会的可能性，转而去追求较为安全、稳定的发展策略。图6-3正展示了这一点，即当创业者反事实思维水平较高时，发展激情对均衡型创业机会开发的积极作用较强。而当创业者较少进行上行反事实思维的时候，创业者会体验到较少的后悔或不满足的心理，此时，结合图6-1、图6-2及图6-3的结果可以看到，创业者体会的创新激情和创建激情将积极地带动均衡型创业机会的开发，而发展激情（维持和发展一个现有企业，采用多元化管理等手段策略）的作用却不显著，甚至是消极的。

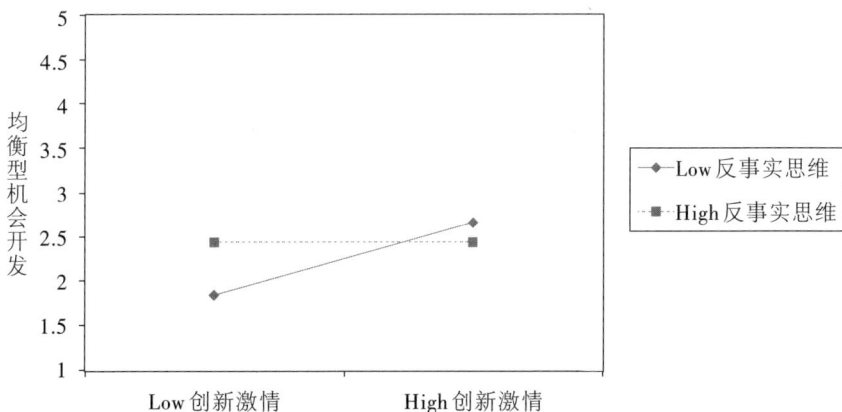

图6-1　反事实思维对创新激情与均衡型机会开发关系的调节

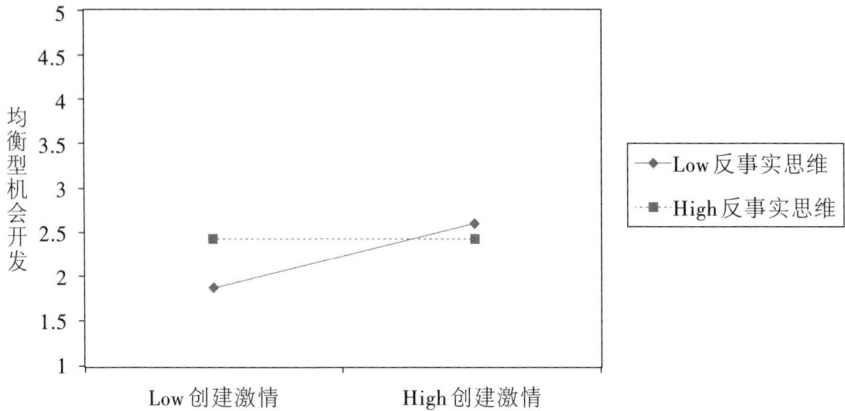

图 6-2　反事实思维对创建激情与均衡型机会开发关系的调节

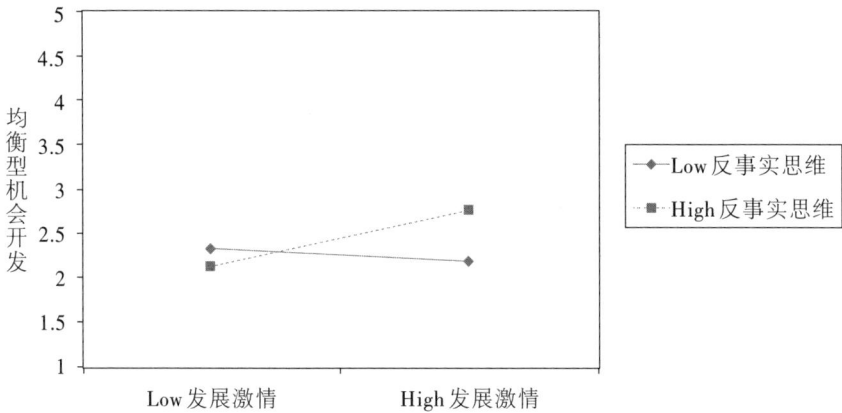

图 6-3　反事实思维对发展激情与均衡型机会开发关系的调节

2.反事实思维对创业激情与创新型机会开发关系的调节

表 6-20 展示了反事实思维是如何对创业激情与创新型机会开发之间的关系形成调节作用的。表 6-20 中的 Model1 是仅加入控制变量的纯模型，与前述回归一致，对创新型机会开发产生主要影响的控制变量是企业规模。Model2 展示了在加入自变量家族创业经验后，创新型机会开发的影响和模型解释力的变化。Model2 的结果显示家族创业经验对于创新型机会开发具有显著的积极作用。Model3 展示了加入自变量家族创业经验和中介变量三类创业激情后模型的解释力变化和各变量的影响显著性。可以看出，创新激情和创建激情对创新型机会开发具有积极的正向影响。Model4 是继续加入调节变量反事实思维后的结果。从标

准化系数来看，反事实思维对创新型机会开发没有显著的影响，H5b未能得到验证。为了考察其调节作用，在Model5中，我们构建反事实思维与创新激情、创建激情及发展激情的交乘项，并依次进入模型观察系数及模型 R^2 变化。Model5的结果显示，尽管反事实思维对创新型机会开发本身并无直接的作用，但其显著调节了创建激情、发展激情与创新型机会开发之间的关系。具体来说，创业者反事实思维首先负向调节了创建激情对创新型机会开发的积极作用，也就是说，当创业者反事实思维水平较高时，创建激情对创新型机会开发的积极作用被削弱。然而，创业者反事实思维对发展激情与创新型机会开发之间的关系则是显著的正向调节作用。也就是说，尽管发展激情本身并没有对创新型机会开发产生直接的显著影响，但当它与创业者反事实思维交互在一起时，则在不同的反事实思维水平下，显示出对创新型机会开发的不同影响。当创业者的反事实思维水平较高时，发展激情对创新型机会开发产生更积极的正向影响。

表6-20　　反事实思维的调节作用分析（创新型机会开发）

变量	因变量：创新型机会开发				
	Model 1	Model 2	Model 3	Model 4	Model 5
年龄	−0.085	−0.082	−0.028	−0.024	−0.029
性别	−0.101	−0.084	−0.104	−0.105	−0.111
受教育程度	−0.066	−0.093	−0.040	−0.046	0−.048
企业规模	0.300**	0.296**	0.224**	0.207**	0.187**
家族创业经验		0.136*	0.027	0.022	0.036
创新激情			0.219*	0.216*	0.244*
创建激情			0.221**	0.217**	0.325**
发展激情			0.078	0.086	−0.033

变量	因变量：创新型机会开发				
	Model 1	Model 2	Model 3	Model 4	Model 5
反事实思维				0.078	0.093
反事实思维×创新激情					−0.122
反事实思维×创建激情					−0.188*
反事实思维×发展激情					0.263*
Adjusted R²	0.117	0.134	0.321	0.327	0.358
ΔR²	0.117**	0.017*	0.187**	0.006	0.032*
F	6.120**	5.699**	10.701**	9.710**	8.239**
最大 VIF	1.070	1.114	2.714	2.716	3.132

注：**表示在 0.01 水平显著，*表示在 0.05 水平显著；^表示在 0.1 水平显著。表中系数为标准化回归系数。

为了更直观地观察到创业者反事实思维对创新激情、创建激情、发展激情与创新型机会开发关系的影响，绘制调节作用的简单斜率图如图 6-4、图 6-5 和图 6-6 所示。从图 6-4 的结果可以看出，无论创业者反事实思维程度是高是低，总的来说，创新激情都是有助于创新型机会开发活动的，这揭示了创新激情对于创新型创业机会开发的重要作用。但是，从图 6-4 的斜率可以看出，当创业者处于较低水平的上行反事实思维时，创新激情的积极作用会更显著（不过斜率检验未通过显著性检验，即反事实思维水平低和高时，创新激情对创新型机会开发的积极作用差异不明显）。图 6-5 的结果显示了相似的结果，只不过，当反事实思维水平低和高时，创建激情对创新型机会开发的积极作用差异显著。这说明，当创业者对以往经历事件的不满足、懊恼、后悔等反事实思维情绪与认知较低时，可以更有效地推动创业者更加积极地去运用创新和创建激情来实现创新型机会的开发。较多地沉浸在这样的思维过程中的时候，这种积极作用将会减弱，而表现为通过多元化管理策略来实现创新型机会的开发。正如图 6-6 的结果所展示的一样，当创业者反事实思维水平较高时，发展激情对创新型机会开发呈现出显著的积极作用。而当创业者较少进行上行反事实思维的时候，创业者会体验到较少的后悔或不满足的心理，运用发展激情实现机会开发的可能性较少，创新激情和创建激情的作用占据上风。以上结果反映了创业者在进行不同思维认知活动时，面对不同的机会类型，其促动机会开发的动机是不同的。

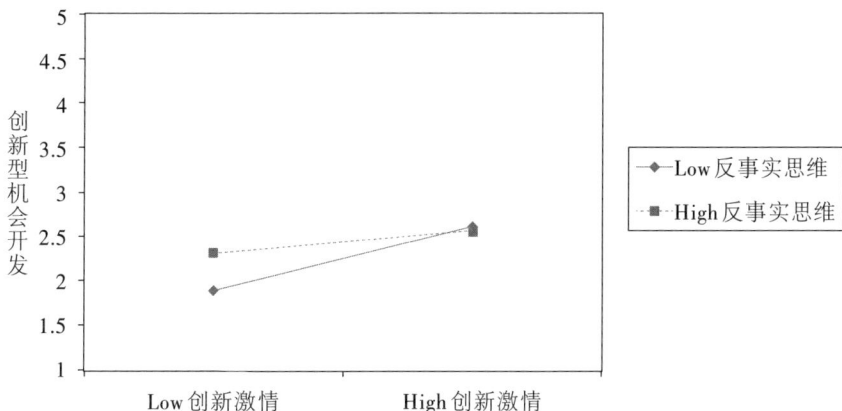

图 6-4　反事实思维对创新激情与创新型机会开发关系的调节

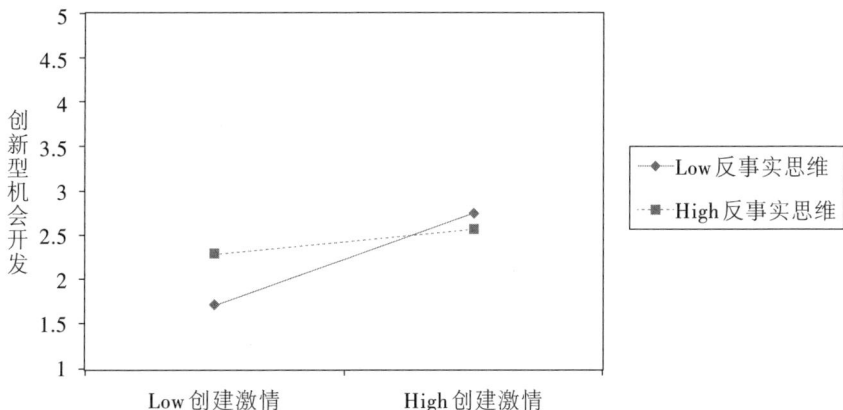

图 6-5　反事实思维对创建激情与创新型机会开发关系的调节

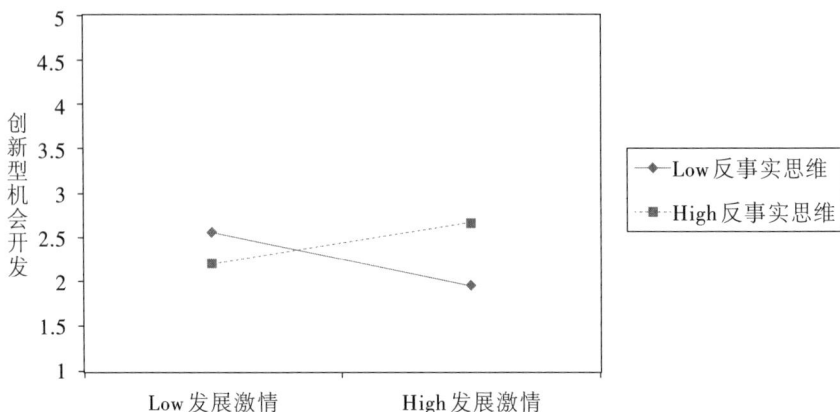

图6-6 反事实思维对发展激情与创新型机会开发关系的调节

6.5.4 对创业经验的进一步分析

实际上，除了家族创业经验，个体的经验也可能对创业激情的塑造产生影响。对于那些具有家族经验的创业者和没有家族创业经验的一般创业者，他们的创业激情表达是否会存在显著差异呢？为了进一步厘清和明晰家族创业经验与个体创业经验之间的关系，我们进一步构建个体创业经验的变量，来检验其与家族创业经验对创业激情的解释能力的贡献。

在问卷中，个体创业经验以个体有创业经历的次数变量来测量，0为没有，1为1次，以此类推，以反映个体创业的经历有无及其经验长度或宽度。在模型中，依次加入家族创业经验、个体创业经验及二者的交乘项，分别对创新激情、创建激情及发展激情进行回归。结果见表6-21。

表6-21的结果表示，个体创业经验对创新激情、发展激情都有积极的正向影响。同时，个体创业经验在交互家族创业经验后，能够显著地加强家族创业经验对创新激情和发展激情的孕育。但是，对创建激情而言，个体创业经验的直接作用和交互作用并不显著。这说明，当企业家个体既有创业经验，又有家族创业背景的时候，他要么更多地去追求企业创新发展，要么去追求企业多元化等管理发展，而较少追求通过新创企业来实现创业精神。

表6-21　家族创业经验与个体创业经验对创新激情的作用分析

变量	创新激情		创建激情		发展激情	
	Model1	Model2	Model3	Model4	Model5	Model6
年龄	−0.107	−0.112	−0.072	−0.074	−0.115^	−0.122^
性别	−0.014	−0.013	0.120^	0.120^	0.053	0.054
受教育程度	−0.040	−0.058	−0.008	−0.014	−0.041	−0.067
企业规模	0.224**	0.193**	0.008	−0.003	0.211**	0.169**
家族创业经验	0.176*	−0.012	0.211**	0.147	0.270**	0.005
个体创业经验	0.182*	0.422**	0.022	0.104	0.184*	0.523**
家族经验×个体经验		0.393**		0.133		0.553**
Adjusted R²	0.119	0.154	0.054	0.057	0.144	0.214
ΔR²	0.119**	0.035**	0.054*	0.004	0.144**	0.070**
F	4.556**	5.225**	1.911^	1.762^	5.706**	7.878**

注：**表示在0.01水平上显著，*表示在0.05水平上显著，^表示在0.1水平上显著。表中系数为标准化回归系数。

6.6　结语

本章对研究模型提出的各个假设关系进行了实证检验。首先对各变量的测项、企业特征、创业者关键个体特征等进行了描述性统计，并进行了关键变量的描述性统计和相关性分析，利用多元回归与方差分析对理论模型中的主效应、中介效应和调节效应进行了验证。

表6-22显示了实证研究对假设测试的结果。H1是家族创业经验与创业激情关系的模型假设；H2是家族创业经验与创业机会开发关系的模型假设；H3是创业激情与两类创业机会开发关系的模型假设；H4是不同创业激情在家族创业经验与创业机会开发之间中介作用的模型假设；H5是反事实思维对创业机会开发的作用；H6是反事实思维对模型后半段，也就是创业激情与创业机会开发关系的调节作用。

表6-22 假设检验结果

假设	结果
H1：家族创业经验对创业激情具有积极影响	支持
H1a：家族创业经验对创业者创新激情有积极影响	支持
H1b：家族创业经验对创业者创建激情有积极影响	支持
H1c：家族创业经验对创业者发展激情有积极影响	支持
H2：家族创业经验对创业机会开发具有积极影响	支持
H2a：家族创业经验对均衡型机会开发具有积极影响	支持
H2b：家族创业经验对创新型机会开发具有积极影响	支持
H3：创业激情对创业机会开发具有差异化的积极作用	支持
H3a：创新激情对均衡型机会及创新型机会开发均有积极影响	支持
H3b：创建激情对创新型机会开发具有积极影响	支持
H3c：发展激情对均衡型机会开发具有积极影响	支持
H4：创业激情在家族创业经验与创业机会开发之间起中介作用	支持
H4a：创新激情、发展激情在家族创业经验与均衡型机会开发之间起中介作用	部分支持
H4b：创新激情、创建激情在家族创业经验与创新型机会开发之间起中介作用	支持
H5：创业者反事实思维对创业机会开发具有积极影响	不支持
H5a：创业者反事实思维对均衡型机会开发具有积极影响	不支持
H5b：创业者反事实思维对创新型机会开发具有积极影响	不支持
H6：创业者反事实思维调节了创业激情对创业机会开发的积极作用	支持
H6a：创业者反事实思维正向调节创业激情对均衡型机会开发的积极作用	部分支持
H6b：创业者反事实思维正向调节创业激情对创新型机会开发的积极作用	部分支持

7 研究结论与讨论

通过对家族跨代创业、家族企业跨代企业家的创业激情、反事实思维研究的梳理，本书构建了基于家族创业经验、创业激情、创业者反事实思维与机会开发之间关系的研究模型，并采用一手调研数据进行了研究模型与理论假设的验证。本章将对前述几章的研究过程及结论进行总结，以期对未来的家族跨代创业研究提出一些有益的建议。

7.1 主要结论

家族企业的创业式成长与企业家精神的传承是一个动态发展的复杂过程，家族成员的兴趣、动机、需求、认知模型等各个方面的差异，必然会对家族企业的成长产生重要的影响。第一代创业者们不但要考察如何通过建立规则、培养能力、关系构建与传递等来为家族后代创造创业的资源基础，更要考察如何通过激发家族企业后代持续不断的创业激情，磨炼其创业认知的品质，帮助他们去构建创业成长的思维，以期对家族企业的可持续发展贡献力量。上一章中有关家族企业跨代企业家的多样化数据和假设检验证实了，家族企业的准继承者在其成长过程中，不再是一个被动的继任家族企业的经理人，而是成长为具有能动性的、承担了企业跨代发展职能的企业家或创业者。他可以通过进行家族和家族企业的跨代创业来实现父辈创业精神的传承，而这受到家族跨代企业家如何认知，如何去发挥其创业精神的重要影响。

1.家族跨代创业经验对创业激情孕育的重要作用

创业激情也许并不仅仅存在于企业家身上，它更像是反映个体是否会去追求冒险性、创新性及机会导向的一个情绪或人格特点。尽管我们可以看到，创业激情水平的高低具有鲜明的个人色彩，也就是我们总是能看到一些个体，似乎天生就比别人对创新或创业活动存在着更多的热爱且较少妥协。但本书的研究发现，创业激情并不仅仅是一个完全由个体特质或情绪所能解释的"变量"，它也受到个体过往经验与学习活动的深刻影响。本书的实证结果表明，具有家族创业经验的跨代企业家，在创业激情的孕育上是有着显著优势的。这也说明，越来越多的家族企业开始注重在后代成员中去培育和塑造持续不断的创新活力与动力。过往的经验并不能直接带来创业激情的生成，更重要的可能是家族企业后代在涉入家族企业经营和管理的过程中，通过经验所形成的体验、观察、反思与行动不断地动态塑造自己对创业的认知与情绪体验。实际上，第6章最后对创业经验的进一步分析也证明了，除了家族创业经验，创业者的个体创业经验也对创业激情的塑造形成了积极的影响，并与家族经验形成了有效的互补。

2.创业活动中情绪的高度嵌入性及其多样化的影响

创业活动中存在着情绪的高度嵌入性，这种嵌入性既有个体认知要素的影响，也有社会性的影响。创业机会的开发和价值维系是一个需要创业者构建并掌握情绪智能的能动过程。我们从创业激情的视角对这一问题进行了初步探索。然而，现有创业情绪包含创业激情的文章呈现出向创业过程两端集中的倾向，对于创业情绪产生和发生作用的机理没有综合性的对比分析与考察。本书通过 Cardon 的三维度创业激情的测量和回归分析，发现对于不同类型的创业机会开发，创业激情起到的作用是存在差异的。具体而言，创新激情与创建激情更能够有效地解释创新型机会开发的动因与行为，而发展激情更能有效地解释均衡型机会开发的动因和行为。这说明，不同类型的机会开发需要创业者拥有差异化的情绪体验与运用过程。其实，这也反映了不同类型的创业机会在被识别和开发的过程中，其所需要的资源和认知基础的差异。只不过，我们以往更关心可以看得见的资源基础的差异，而对于机会开发形成的"思考逻辑"或"情感逻辑"的关注度还不够。

本书的分析结果表明，尽管"成为企业家/创业者"这一整体的认知可能是个体创业激情的表现（Murnieks，2007；Murnieks 等，2014），但当面临不同的创业活动的时候，创业者或企业家的积极感觉表达和对自我身份的认识可能是有差异的。这一研究支持了 Cardon 等（2013）的观点，即不同的企业家或创业者可能经历不同的身份认知，在不断地发现创业核心要素的过程中，这些创业者们会呈现出创新者、创建者、发展者三类不同的角色。对于具有较高创新程度的机会开发活动，创新者与创建者显然更加得心应手。对蕴含机会的环境扫描和新产品、新服务机会的深刻洞察，以及去成立一个全新组织与事业的愿望，积极推动了创业者投身到创新型机会开发活动中去。对于渐进式发展的均衡型创业机会，显然发展者的管理动机更加贴合此类机会开发的需要。

3.创业激情与创业行为的互动式影响

创业激情会影响创业行动，反之亦然。从具体行动中形成的情绪感知将会对创业者的归因和未来的创业评估产生影响。这种习得的机制需要通过社会认知和创业学习的视角去解析。从以往失败中或成功中所能产生的情绪感知（以及对失败或成功的归因）会呈现出极大差别，这会对创业者后期的创业行为产生连带影响。现有研究还未能对这一反向机制进行分析。我们的研究初步验证了这一观点。从激情的习得性出发，未来对于创业者的情绪构建、有益的激情塑造等就可以进行有效的干预与控制。不过，研究证实了创业激情的三个维度和表现是相对独立的，那么混合的创业激情状态可能引发创业者认知协调/失调的不同状态，矛盾的激情状态可能造成创业者机会开发效能的差异。并且，过度沉浸的创业激情可能带来冒险主义和极端主义。然而，过往经验的结果对激情的影响反映出情绪体验并不是完全不受控的，而是可以通过一定手段和过程加以控制的。这意味着持久成功的创业需要创业者不断学习以提升情绪智能，不断调整自我认知、社会认知和知识结构安排。因此，有必要在了解创业情绪的影响机制的基础上，进一步探索情绪与创业激情的调节机制。

4.反事实思维对创业激情与机会开发的作用差异

实证分析结果发现，虽然反事实思维对于创业者而言具有较为微弱的积极有用的思考场景，但是在大部分上行反事实思维的影响下，会降低创业者个体对创新性、冒险性等更为不确定的创业目标的追求，而较多地去追求渐进式的发展。即针对过去已经发生的事件，想象如果满足某种条件就有可能取得比实际结果更好的结果，其中表现出个体有不满足和懊悔的成分在里面。因此，当创业者过多地沉浸在这样的思维过程中的时候，会降低其通过创新或新创的手段去追求创业机会的可能。转而去追求较为安全、稳定的发展策略。研究结果发现当创业者反事实思维水平较高时，发展激情对均衡型和创新型创业机会开发的积极作用更强。而当创业者较少进行上行反事实思维的时候，创业者会体验到较少的后悔或不满足的心理，此时，创业者体会的创新激情和创建激情将积极地带动创业机会的开发。

7.2 对已有模型的进一步拓展讨论

本次研究虽然在探索中获得了一些有意义的发现，然而探索本身就意味着它还存在若干不足，一些问题限于研究条件的原因未能有效地解决，另一些问题则是研究者在研究的过程中逐渐发现待下一步深入调查解决的，在此一并提出。

7.2.1 研究局限

（1）数据收集困难带来的制约。许多创业者或个体往往不愿意透露过多的有关财务数据及个人经历的敏感信息，因此对于这类调查活动有时会有防范心理。这使得我们对一些可能的中间变量或调节变量难以获得有效的测量。例如，当面对创业成功或失败的经验的时候，创业者形成的激情体验会有所变化。但是对失败的测量追溯往往会存在偏差。为了克服这个问题，获得完整的问卷，研究者不得不采取多种措施来进行问卷的发放，这些措施可能在一定程度上影响问卷的代表性。尽管针对此问题，本书的问卷发放尽可能地考虑到了不同地域、不同发达程度、不同规模的城市和地区，但未来仍有进一步拓展样本来源的空间。

（2）测量数据的自评与同源误差。在本次研究中，虽然设计了部分客观的题目和测量，来减少同源误差的问题，但是，对于创业激情、反事实思维和创业机会开发的评价，仍是被试自评的结果，这导致在某些问题上可能受到主观因素影响而高估或低估了一些测量问题的答案。不过，在研究中我们通过 Podsakoff 等人（2003）等推荐的方法，通过保密性、主成分抽取等措施尽量控制，并探测了同源误差的影响，结果表明，同源误差并不是主要的问题。但对于调查问卷这种研究方法来说，最好的措施仍是在事前通过多人评价来消除同源误差的影响。

（3）横截面数据问题。同样受到访问和调研条件的限制，本次研究采集的数据还是横截面数据，虽然基于理论，我们对家族创业经验与创业激情、机会开发之间的因果逻辑做出了解读，但是由于这些变量的相互作用存在着一定的时滞，对这三个要素主要部分之间的因果关系还是需要纵向研究的检验。未来应考虑在可能的范围内，对这部分受试群体进行跟踪调查。

（4）测量指标的进一步细化。本书主要针对创业者的上行反事实思维进行了研究，未来可以进一步来比较上行反事实思维与下行反事实思维的场景差异和带来的效果变化。

7.2.2　未来展望

（1）对于创业情绪局部性的讨论，无论是在理论框架上，还是在操作性定义的测量上，尚缺乏更深入、更细致的考量。创业激情作为一种相对积极的体验，尽管有一些研究区分了积极情绪和消极情绪对创业决策的不同作用，但仍存在三个显著的问题：第一，创业情绪是一个多维概念，创业者往往面临的是混合情绪的状态，而不是单一类型的心理体验；第二，现有文献将情绪影响决策的过程看成必然的，未能将创业情境中情绪体验的特点和关键的作用过程呈现出来。实际上，情绪既可以是状态情绪，以"诱发"为基础；也可能是特质情绪，即趋于稳定的人格特征（Bekker等，2003）。对创业者而言，特质情绪将会伴随其创业过程。但在以往研究中，并没有将创业情绪的本质特征提炼出来。第三，已有研究仅关注机会开发决策阶段的情绪嵌入性，但实际上情绪作为心理资本的构成部分，对创业活动的影响贯穿于机会开发行为和创业成长的全过程，是否进行创业机会开发的决策并不等同于成功的创业活动，从意向到行动的落实才是创业者和创业企业持续成长的关注要点。因此，需要在意图和行为两个关键环节上考察创业情绪的影响，才能得到更具针对性和本质性的解释。但是，创业活动中关键的情绪和心理体验到底包括哪些，未能得到解释。创业情绪与创业价值之间的关系也尚未确定。

（2）创业激情虽然在一定程度上和积极情绪体验有关，但其更重要的是一种身份认同的表现，对于创业激情的研究还需要拓展更广泛的视野。当我们对创业激情进行更深入的研究的时候，我们首先得对创业激情本质是什么做出解释（Cardon等，2009）。已有的创业激情研究主流上普遍认同创业激情是对一种或多种有意义的角色的追求，这种角色对企业家的自我身份认同非常重要，企业家或创业者可以通过参与与核心角色相关的创业活动，而有意识地体验到强烈的积极情绪（Cardon，2008）。本书采纳和延续了与创业相关的三个角色身份：发明家角色（inventor role）、创始人角色（founder role）和事业发展者角色（developer role）。这三个角色也对应了创业过程发展所需要的角色差异：机会识别阶段（发明家角色）、企业创建阶段（创始人角色）、企业成长阶段（发展者角色）。这意味着在创业活动中，个体的身份认同和角色认知可能是动态变化的。从创业激情的表现来看，个体可能从早期的发明家角色（创新激情）动态发展为后期的发展者角色（发展激情）。创业激情的动态变化路径值得未来进一步深入探索。

（3）对于家族跨代企业家这一类独特的群体而言，家族创业尤其是跨代创业是一个新兴的研究领域，在研究内容和研究方法上都有许多拓展的空间。一是通过独立样本重复检验来增强研究结果的普适性。由于本次研究从探索理论概念联系的角度出发，从上述研究局限中的样本局限、地域局限等，说明未来还有进一步改进的空间。虽然这不足以否认这类样本得出的研究结果，但是从严谨性的角度出发，本次研究的结论还是需要在其他情境下采用不同的样本进行重复检验。另外，从测量与研究设计上来看，这种检验也是很必要的。另外，还可改进调查方法，采用向不同来源采集外生变量和内生变量信息的方式，解决潜在的同源误差问题。二是除了根据理论和定性推演设计定量的实证模型外，可以通过案例研究更具体而细致地考察家族跨代企业家是如何进行思考与认知，并进一步指导他们的创业活动的，这可以帮助我们发现新的理论研究问题。

（4）在本次研究样本中，我们仅仅将家族创业经验作为一个自变量引入了研究模型，未能更加深入地对家族跨代企业家和非家族企业家进行对比分析。这两类企业家或创业者到底在创业激情的感受和反事实思维方面是否存在本质的表现差异等，需要进一步的分析。

（5）对于家族创业问题而言，家族情境本身就是一个非常值得探讨的问题，家族情境中的各项独特因素都会影响到家族企业和家族内个人的决策等多种活动，创业也不例外。例如，不同的家族文化将会鲜明地影响到家族成员对于创业的态度以及创业活动开展的情况。因此，未来可以考虑通过分析、对比在不同的家族情境因素下，跨代创业者创业成长的差异。

主要参考文献

[1]   蔡莉，单标安，汤淑琴，等．创业学习研究回顾与整合框架构建［J］．外
      国经济与管理，2012（5）：1-8．

[2]   陈海涛．创业机会开发对新创企业绩效的影响研究［D］．长春：吉林大
      学，2007．

[3]   陈俊，贺晓玲，张积家．反事实思维两大理论：范例说和目标-指向说［J］.
      心理科学进展，2007，15（3）：416-422．

[4]   陈凌，应丽芬．代际传承：家族企业继任管理和创新［J］．管理世界，
      2003（6）：89-97．

[5]   陈文婷，杨学儒，李新春．基于过程视角的家族创业研究［J］．外国经济
      与管理，2009（2）：50-57．

[6]   陈文婷．创业学习与家族企业跨代企业家的创业选择［J］．经济管理，
      2011（8）：38-50．

[7]   陈文婷．创业学习与家族企业跨代创业成长——基于行业、规模及成长阶
      段的差异分析［J］．经济管理，2013（12）：42-53．

[8]   陈文婷．创业学习：家族企业跨代创业成长机理研究［M］．北京：科学出
      版社，2014．

[9]   陈文婷，何轩．家族社会资本与创业机会识别问题探讨［J］．外国经济与
      管理，2008，30（10）：25-31．

[10] 陈文婷，周月，鲁晓晨．创业情绪理论及其前沿研究：多层次视角的分析 [J]．创新与创业管理，2018（18）：107-134．

[11] 储小平．家族企业研究：一个具有现代意义的话题 [J]．中国社会科学，2000（5）：51-58．

[12] 窦军生，贾生华．"家业"何以长青？——企业家个体层面家族企业代际传承要素的识别 [J]．管理世界，2008（9）：105-117．

[13] 窦军生，李生校，邬家瑛．"家和"真能"万事"兴吗？——基于企业家默会知识代际转移视角的一个实证检验 [J]．管理世界，2009（1）：108-120．

[14] 方杰，张敏强，邱皓政．中介效应的检验方法和效果量测量：回顾与展望 [J]．心理发展与教育，2012，28（1）：105-111．

[15] 韩维贺，李浩，仲秋雁．知识管理过程测量工具研究：量表开发、提炼和检验 [J]．中国管理科学，2006，14（5）：128-136．

[16] 郝喜玲，张玉利，刘依冉，等．创业失败情境下的反事实思维研究框架构建 [J]．外国经济与管理，2018，40（4）：3-15．

[17] 何轩，陈文婷，李青．基于反事实思维视角的创业研究述评与展望 [J]．外国经济与管理，2013，35（10）：13-21．

[18] 侯杰泰，温忠麟，成子娟．结构方程模型及其应用 [M]．北京：教育科学出版社，2004．

[19] 蒋勇．虚拟思维在会话中的功能 [J]．外语学刊，2004，118（3）：17-23．

[20] 李胜文，李新春，李大胜．创业精神的生产性与非生产性：一个制度的视角 [J]．经济问题探索，2011（3）：13-17．

[21] 李新春，何轩，陈文婷．战略创业与家族企业创业精神的传承——基于百年老字号李锦记的案例研究 [J]．管理世界，2008（10）：127-140．

[22] 李新春，韩剑，李炜文．传承还是另创领地？——家族企业二代继承的权威合法性建构 [J]．管理世界，2015（6）：110-124．

[23] 梁漱溟．中国文化要义 [M]．上海：上海人民出版社，2005：15-16．

[24] 刘娇，王博，宋丽红，等．家族企业价值观传承与战略变革——基于探索性的案例分析 [J]．南方经济，2017，36（8）：49-67．

[25] 刘景江，刘博．情境性调节焦点、即时情绪和认知需要对技术创业决策的影响 [J]．浙江大学学报：人文社会科学版，2014，44（5）：110-120．

[26] 罗跃嘉，吴婷婷，古若雷．情绪与认知的脑机制研究进展 [J]．中国科学院院刊，2012（1）：31-41．

[27] 罗胜强，姜嬿．管理学问卷调查研究方法 [M]．重庆：重庆大学出版社，

2014：188-194.

[28] 吕鸿江，吴亮，周应堂. 家族企业治理模式的分类比较与演进规律 [J].
中国工业经济，2016 (12)：123-139.

[29] 牛芳，张玉利，田莉. 创业者的自信、乐观与新企业绩效——基于 145 家
新企业的实证研究 [J]. 经济管理，2012 (1)：94-104.

[30] 孙亚娟. 创业激情、风险感知与机会开发的关系研究 [D]. 大连：东北财
经大学，2017.

[31] 王倩，蔡莉. 创业机会开发过程及影响因素研究 [J]. 学习与探索，2011 (3)：
91-193.

[32] 王旭，朱秀梅. 创业动机、机会开发与资源整合关系实证研究 [J]. 科研
管理，2010，31 (5)：54-60.

[33] 王颖. 家族企业组织中的人际信任与制度信任——以荣家企业为中心 [J].
江西财经大学学报，2016 (2)：90-99.

[34] 韦雪艳. 基于交互作用的民营企业家压力应对策略与倦怠关系的研究 [D].
杭州：浙江大学，2008.

[35] 吴明隆. SPSS 统计应用实务 [M]. 北京：中国铁道出版社，2001.

[36] 吴炯. 家族企业剩余控制权传承的地位、时机与路径——基于海鑫、谢瑞
麟和方太的多案例研究 [J]. 中国工业经济，2016 (4)：110-126.

[37] 吴炯，颜丝琪. 家族企业跨代创业：类型与动因 [J]. 经济体制改革，
2016 (2)：125-130.

[38] 解春玲. 浅谈内隐社会认知的研究与现状 [J]. 心理科学，2005，28 (1)：
146-148.

[39] 谢林. 微观动机与宏观行为 [M]. 谢静，等，译. 北京：中国人民大学出
版社，2005.

[40] 谢雅萍，陈小燕. 创业激情研究现状探析与未来展望 [J]. 外国经济与管
理，2014，36 (5)：3-11.

[41] 杨俊，薛红志，牛芳. 先前工作经验、创业机会与新技术企业绩效——一
个交互效应模型及启示 [J]. 管理学报，2011，8 (1)：116-125.

[42] 杨俊，张玉利，刘依冉. 创业认知研究综述与开展中国情境化研究的建议
[J]. 管理世界，2015 (9)：158-169.

[43] 杨学儒，窦军生，梁强，等. 新时期中国民营（家族）企业的传承与创新
创业问题 [J]. 南方经济，2017，36 (8)：1-7.

[44] 张辉华，黄婷婷. 情绪智力对绩效的作用机制——以团队信任感知和朋友
网络中心为连续中介 [J]. 南开管理评论，2015，18 (3)：141-150.

[45] 张浩，孙新波，张雨，等. 揭开创业机会识别的"红盖头"——基于反事

实思维与机会识别的实证研究［J］. 科学学研究，2018（2）：296-303.

［46］ 张结海，朱正才. 归因是怎样影响假设思维的［J］. 心理学报，2003，35（2）：237-245.

［47］ 郑振宇，谢文锦，李永耀，等. 情绪对于创业者及其创业过程的影响［J］. 科技创业月刊，2010（1）：45-47.

［48］ 张梦琪. 创业者社会资本、创业机会开发与新创企业成长关系研究［D］. 长春：吉林大学，2015.

［49］ 周静，王冀宁. 创业情绪的研究评述及未来展望［J］. 生产力研究，2013（12）：190-192.

［50］ 周小虎，姜凤，陈莹. 企业家创业认知的积极情绪理论［J］. 中国工业经济，2014（8）：135-147.

［51］ 周小虎，姜凤. 企业家积极情绪对创业认知的影响研究——以任务复杂性为调节变量［C］. 第八届中国管理学年会论文集，2013.

［52］ ALDRICH H E，CLIFF J E. The pervasive effects of family on entrepreneurship：Toward a family embeddedness perspective［J］. Journal of Business Venturing，2003，18：573-596.

［53］ ALDRICH H W，ZIMMER C. Entrepreneurship through social networks［M］// SEXTON D，SMILOR R. The art and science of entrepreneurship. Cambridge，MA：Ballinger，1986：3-23.

［54］ ANDERSON R C，REEB D M. Founding Family Ownership and Firm Performance：Evidence from the S&P 500［J］. Journal of Finance，2003，58（3）：1301-1327.

［55］ ARORA P，HAYNIE J M，LAURENCE G A. Counterfactual thinking and entrepreneurial self-efficacy：The moderating role of self-esteem and dispositional affect［J］. Entrepreneurship Theory and Practice，2013，37（2）：359-385.

［56］ ARROW K. The limits of organizations［M］. New York：Norton，1974.

［57］ ASHFORTH B E，HUMPHREY R H. Emotion in the workplace：A reappraisal［J］. Human Relations，2005，48（2）：97-125.

［58］ AUKEN H V，FRY F L，STEPHENS P. The influence of role model on entrepreneurial intentions［J］. Journal of Developmental Entrepreneurship，2008，11（2）：157-167.

［59］ BANDURA A. Social learning theory［M］. New York：General Learning Press，1977.

［60］ BANDURA A. Social cognitive theory：An agentic perspective［J］.

Annual Review of Psychology, 2001 (52): 1-26.

[61] BARNEY J B.Firm resources and sustained competitive advantage [J].
Journal of Management, 1991 (17): 99-120.

[62] BARNEY J B.Resource-based theories of competitive advantage: A ten-
year retrospective on the resource - based view [J]. Journal of
Management, 2001, 27 (6): 643-650.

[63] BARNEY J B, CLARK D, ALVAREZ S.Where does entrepreneurship
come from? Network models of opportunity recognition and resource
acquisition with application to the family firm [C]. Paper presented at
the Theories of the Family Enterprise Conference, University of
Pennsylvania, Philadelphia, 2003.

[64] BARON J N, HANNAN M T.Organizational blue prints for success in
high - tech start-ups: Lessons from the Stanford project on emerging
companies [J]. California Management Review, 2002, 44 (3): 8-36.

[65] BARON R A.Cognitive mechanisms in entrepreneurship: Why and when
entrepreneurs think differently than other people [J]. Journal of
Business Venturing, 1998, 13 (4): 275-294.

[66] BARON R A. Counterfactual thinking and venture formation: The
potential effects of thinking about "what might have been" [J].
Journal of Business Venturing, 2000, 15 (1): 79-91.

[67] BARON R A. The role of affect in the entrepreneurial process [J].
Academy of Management Review, 2008, 33 (2): 328-340.

[68] BARON R A, TANG J T. The role of entrepreneurs in firm - level
innovation: Joint effects of positive affect, creativity, and
environmental dynamism [J]. Journal of Business Venturing, 2011,
26 (1): 49-60.

[69] BARON R A, WARD T B.Expanding entrepreneurial cognition's toolbox:
Potential contributions from the field of cognitive science [J].
Entrepreneurship Theory and Practice, 2004, 28 (6): 553-573.

[70] BARON R A. Behavioral and cognitive factors in entrepreneurship:
Entrepreneurs as the active element in new venture creation [J].
Strategic Entrepreneurship Journal, 2007, 1 (1-2): 167-182.

[71] BARON R M, KENNY D A.The moderator-mediator variable distinction
in social psychological research: Conceptual, strategic, and statistical
considerations [J]. Journal of Personality and Social Psychology,

1986, 51 (6): 1173.

[72] BARRETT L F, MESQUITA B, OCHSNER K N, et al.The Experience of Emotion [J]. Annual Review of Psychology, 2007 (58): 373-403.

[73] BARSADE S G, GIBSON D E. Group emotion: Eview from top and bottom [J]. Research on Managing Groups and Teams, 1998 (1): 81-102.

[74] BARSADE S G.The ripple effect: Emotional contagion and its influence on group behavior [J]. Administrative Science Quarterly, 2002 (47): 644-675.

[75] BAUER C K, SCHWARZ J R. Physiology of EAG K + Channels [J]. Journal of Membrane Biology, 2001, 182 (1): 1-15.

[76] BAUM J R, LOCKE E A, SMITH K G. A multidimensional model of venture growth [J]. Academy of Management Journal, 2001, 44 (2): 292-303.

[77] BAUM J R, LOCKE E A.The relationship of entrepreneurial traits, skill, and motivation to subsequent venture growth [J]. Journal of Applied Psychology, 2004, 89 (4): 587.

[78] BEGLEY T, BOYD D. Psychological characteristics associated with performance in entrepreneurial firms and smaller businesses [J]. Journal of Business Venturing, 1987 (2): 79-93.

[79] BEKKER H L, LEGARE F, STACEY D, et al. Is anxiety a suitable measure of decision aid effectiveness: A systematic review [J]. Patient Education and Counseling, 2003, 50 (3): 255-262.

[80] BIERLY P E, KESSLER E H, CHRISTENSEN E W. Organizational learning, knowledge, and wisdom [J]. Journal of Organizational Change Management, 2000 (13): 595-618.

[81] BINIARI M G. The emotional embeddedness of corporate entrepreneurship: The case of envy [J]. Entrepreneurship Theory and Practice, 2012 (1): 141-170.

[82] BIRD B, JELINEK M.The operation of entrepreneurial intentions [J]. Applied Physics American, 1997, 64 (3): 257-262.

[83] BIRD B.Implementing entrepreneurial ideas: The case of intentions [J]. Academy of Management Review, 1988, 13 (3): 442-453.

[84] BLYLER M, COFF R W.Dynamic capabilities, social capital, and rent appropriation: Ties that split pies [J]. Strategic Management Journal,

2003, 24 (7): 677-686.

[85] BRA̎NNBACK M, CARSRUD A, ELFVING J, et al. Sex, drugs, and entrepreneurial passion? An exploratory study [C]. Paper presented at the Babson College Entrepreneurship Research Conference, Bloomington, 2006.

[86] BRANZEI O, ZIETSMA C. Entrepreneurial love: The enabling functions of positive illusions in venturing [C]. Paper presented at the Babson-Kauffman Entrepreneurial Research Conference. Wellesley, MA: Babson College, 2003.

[87] BREUGST N, DOMURATH A, PATZELT H, et al. Perceptions of entrepreneurial passion and employees' commitment to entrepreneurial ventures [J]. Entrepreneurship Theory and Practice, 2012, 36 (1): 171-192.

[88] BROCKHAUS R H. Family business succession: Suggestions for future research [J]. Family Business Review, 2004, 17 (2): 165-177.

[89] BRUNDIN E, PATZELT H, SHEPHERD D A. Managers' emotional displays and employees' willingness to act entrepreneurially [J]. Journal of Business Venturing, 2008, 23 (2): 221-243.

[90] BRUSH C B, GREENE P G, HART M M. From initial idea to unique advantage: The entrepreneurial challenge of constructing a resource base [J]. Academy of Management Executive, 2001, 15 (2): 64-78.

[91] BUSENITZ L W, BARNEY J B. Differences between entrepreneurs and managers in large organizations: Biases and heuristics in strategic decision-making [J]. Journal of Business Venturing, 1997, 12 (1): 9-30.

[92] BYRNE O, SHEPHERD D A. Different Strokes for different folks: Entrepreneurial narratives of emotion, cognition, and making sense of business failure [J]. Entrepreneurship Theory and Practice, 2015, 39 (2): 375-405.

[93] CABRERA-SUAREZ K, DE SAA-PEREZ P, GARCIA-ALMEIDA D. The succession process from a resource and knowledge-based view of the family firm [J]. Family Business Review, 2001, 14 (1): 37-48.

[94] CACCIOTTI G, HAYTON J C. Fear and entrepreneurship: A review and research agenda [J]. International Journal of Management Reviews, 2015, 17 (2): 165-190.

主要参考文献

[95] CARDON M S. Is passion contagious? The transference of entrepreneurial passion to employees [J]. Human Resource Management Review, 2008, 18 (2): 77-86.

[96] CARDON M S, FOO M D, SHEPHERD D, et al. Exploring the heart: Entrepreneurial emotion is a hot topic [J]. Entrepreneurship Theory and Practice, 2012, 36 (1): 1-10.

[97] CARDON M S, GREGOIRE D A, STEVENS C E, et al. Measuring entrepreneurial passion: Conceptual foundations and scale validation [J]. Journal of Business Venturing, 2013, 28 (3): 373-396.

[98] CARDON M S, SUDEK R, MITTENESS C. The impact of perceived entrepreneurial passion on angel investing [M] // ZACHARAKIS A L. Frontiers of entrepreneurship research, proceedings of the Babson college entrepreneurship research conference. Wellesley, MA: Babson College, 2009.

[99] CARDON M S, WINCENT J, SINGH J, et al. The nature and experience of entrepreneurial passion [J]. Academy of Management Journal, 2009, 34 (3): 511-532.

[100] CARDON M S, ZIETSMA C, SAPARITO P, et al. A tale of passion: New insights into entrepreneurship from a parenthood metaphor [J]. Journal of Business Venturing, 2005 (20): 23-45.

[101] CAROLIS D M D, SAPARITO P. Social capital, cognition, and entrepreneurial opportunities: A theoretical framework [J]. Entrepreneurship Theory and Practice, 2010, 30 (1): 41-56.

[102] CARR J C, SEQUEIRA J M. Prior family business exposure as intergenerational influence and entrepreneurial intent: A theory of planned behavior approach [J]. Journal of Business Research, 2007, 60 (10): 1090-1098.

[103] CARPENTER M A, FREDRICKSON J W. Top management teams, global strategic posture, and the moderating role of uncertainty [J]. Academy of Management Journal, 2001, 44 (3): 533-545.

[104] CHAMBLESS D L, BRYAN A D. Predicting expressed emotion: A study with families of obsessive-compulsive and agoraphobic outpatients [J]. Journal of Family Psychology, 2001, 15 (2): 225-240.

[105] CHANG R. Turning passion into organizational performance [J]. Training and Development, 2001, 55 (5): 104-112.

[106] CHEN C, GREENE P, CRICK A. Does entrepreneurial self - efficacy distinguishes entrepreneurs from managers? [J]. Journal of Business Venturing, 1998 (13): 295-316.

[107] CHEN X P, YAO X, KOTHA S. Entrepreneur passion and preparedness in business plan presentations: A persuasion analysis of venture capitalists' funding decisions [J]. Academy of Management Journal, 2009, 52 (1): 199-214.

[108] CHIRICO F, SALVATO C. Knowledge integration and dynamic organizational adaptation in family firms [J]. Family Business Review, 2008, 21 (2): 169-181.

[109] CHUA J H, CHRISMAN J, SHARMA P. Defining the family business by behavior [J]. Entrepreneurship Theory and Practice, 1999, 23 (4): 19-39.

[110] CHURCHILL G A. A paradigm for developing better measures of marketing constructs [J]. Journal of Marketing Research, 1979, 16 (1): 63-74.

[111] CHURCHILL N C, HATTEN K J. Non-market-based transfers of wealth and power: A research framework for family business [J]. Family Business Review, 2010, 10 (1): 53-67.

[112] CLARYSSE B, BRUNEEL J, WRIGHT M. Explaining growth paths of young technology - based firms: Structuring resource portfolios in different competitive environments [J]. Strategic Entrepreneurship Journal, 2011, 5 (2): 137-157.

[113] CLIFF J E. Does one size fit all? Exploring the relationship between attitudes towards growth, gender, and business size [J]. Journal of Business Venturing, 1998 (13): 523-542.

[114] CLORE G, GASPAR K, GARVIN E. Affect as information [M] // Forgas J P. Hand book of affect and social cognition. Erlbaum, Mahwah, 2001: 121-144.

[115] COLBERT A E, WITT L A. The role of goal-focused leadership in enabling the expression of conscientiousness [J]. Journal of Applied Psychology, 2009, 94 (3): 790-796.

[116] COPE J. Entrepreneurial learning from failure: An interpretative phenomenological analysis [J]. Journal of Business Venturing, 2011, 26 (6): 604-623.

［117］ COPE J, WATTS G. Learning by doing: An exploration of experience, critical incidents and reflection in entrepreneurial learning［J］. International Journal of Entrepreneurial Behavior and Research, 2000, 6（3）: 104-124.

［118］ CRAIG J, LINDSAY N J. Incorporating the family dynamic into the entrepreneurship process［J］. Journal of Small Business & Enterprise Development, 2002, 9（4）: 416-430.

［119］ CROSS B, TRAVAGLIONE A. The untold story: Is the entrepreneur of the 21st century defined by emotional intelligence?［J］. International Journal of Organizational Analysis, 2003（11）: 221-228.

［120］ DE CLERCQ D, HONIG B, MARTIN B. The roles of learning orientation and passion for work in the formation of entrepreneurial intention［J］. International Small Business Journal, 2013, 31（6）: 652-676.

［121］ DE HOLAN P M. It's all in your head: Why we need neuro entrepreneurship［J］. Journal of Management Inquiry, 2013, 23（1）: 93-97.

［122］ DIMOV D. From opportunity insight to opportunity intention: The importance of person-situation learning match［J］. Entrepreneurship Theory and Practice, 2007, 31（4）: 561-583.

［123］ DOERN R, GOSS D. From barriers to barring: Why emotion matters for entrepreneurial development［J］. International Small Business Journal, 2013, 31（5）: 496-519.

［124］ DOWN S, REVELEY J. Generational encounters and the social formation of entrepreneurial identity:'young guns' and 'old farts'［J］. Organization, 2004, 11（2）: 233-250.

［125］ DRUCKER P. Innovation and Entrepreneurship［M］. New York: Harper Row, 1985.

［126］ ECKHARDT J T, SHANE S A. Response to the commentaries: The individual-opportunity（IO）nexus integrates objective and subjective aspects of entrepreneurship［J］. Academy of Management Review, 2013, 38（1）: 160-163.

［127］ ECKHARDT J T, SHANE S A. Opportunities and entrepreneurship［J］. Journal of Management, 2003（29）: 333-349.

［128］ EICH E. Searching for mood dependent memory［J］. Psychological Science, 1995, 6（2）: 67-75.

［129］ ELLSWORTH P C, SCHERER K R. Handbook of affective sciences -

appraisal processes in emotion [M]. Oxford University Press, 2003: 572-595.

[130] ELSBACH K D, KRAMER R M.Assessing creativity in Hollywood pitch meetings: Evidence for a dual-process model of creativity judgments [J]. Academy of Management Journal, 2003, 46 (3): 283-301.

[131] ENSLEY M D, HMIELESKI K M, PEARCE C L. The importance of vertical and shared leadership within new venture top management teams: Implications for the performance of startups [J]. Leadership Quarterly, 2006, 17 (3): 217-231.

[132] EPSTUDE K, MUSSWEILER T. What you feel is how you compare: How comparisons influence the social induction of affect [J]. Emotion, 2009, 9 (1): 1-14.

[133] FARH J L, CANNELLA A, LI C.Approaches to scale development in Chinese management research [J]. Management and Organizational Review, 2006 (3): 301-318.

[134] FARMER S, YAO X, KUNG - MCINTYRE K. The behavioral impact of entrepreneur identity and prior entrepreneurial experience [J]. Entrepreneurship Theory and Practice, 2011, 35 (2): 245-273.

[135] FAUCHART E, GRUBER M. Darwinians, communitarians and missionaries: The role of founder identity in entrepreneurship [J]. Academy of Management Journal, 2011 (54): 935-957.

[136] FELDMAN L A.Valence focus and arousal focus: Individual differences in the structure of affective experiences [J]. Journal of Personality and Social Psychology, 1995, 69 (2): 153-166.

[137] FOO M D. Emotions and entrepreneurial opportunity evaluation [J]. Entrepreneurship Theory and Practice, 2011, 35 (2): 375-393.

[138] FOO M D, UY M A, BARON R A.How do feelings influence effort? An empirical study of entrepreneurs' affect and venture effort [J]. Journal of Applied Psychology, 2009, 94 (4): 1086-1094.

[139] FORGAS J P. Mood and the perception of unusual people: Affective asymmetry in memory and social judgments [J]. European Journal of Social Psychology, 1992, 22 (6): 531-547.

[140] FORNELL C, LARCKER D. Evaluating structural equation models with unobservable variables and measurement error [J]. Journal of Marketing Research, 1981, 18 (1): 39-50.

[141] FOSS N J. Knowledge - based approaches to the theory of the firm: Some critical comments [J]. Organization Science, 1996, 7 (5): 470-476.

[142] FRESE M, GIELNIK M. The psychology of entrepreneurship [J]. Annual Review of Organizational Psychology and Organizational Behavior, 2014, (1): 413-438.

[143] GAGLIO C M. The role of mental simulations and counterfactual thinking in the opportunity identification process [J]. Entrepreneurship Theory and Practice, 2004, 28 (6): 533-552.

[144] GAGLIO C M, KATZ J A. The psychological basis of opportunity identification: Entrepreneurial alertness [J]. Small Business Economics, 2001, 16 (2): 95-111.

[145] GALBRAITH C S, MCKINNEY B C, DENOBLE A F, et al. The impact of presentation form, entrepreneurial passion, and perceived preparedness on obtaining grant funding [J]. Journal of Business Technology Communication, 2014, 28 (2): 222-248.

[146] GANZAROLI A, FISCATO G, PILOTTI L. Does business succession enhance firm's innovation capacity? Results from an exploratory analysis in Italian SMEs [C]. Presented at the 2nd Workshop on Family Firm Management Research, Nizza, 2006.

[147] GARCIA J B D, PUENTE E D, MAZAGATOS V B. How affect relates to entrepreneurship: A systematic review of the literature and research agenda [J]. International Journal of Management Reviews, 2015, 17 (2): 191-211.

[148] GOMEZ - MEJIA L R, HAYNES K, NÚÑEZ - NICKEL M, et al. Socioemotional wealth and business risks in family - controlled firms: Evidence from Spanish olive oil mills [J]. Administrative Science Quarterly, 2007 (52): 106-137.

[149] GOMEZ-MEJIA L R, HOSKISSON R E, MAKRI M, et al. Innovation and the preservation of socioemotional wealth in family - controlled, high - technology firms [C]. College Station, TX: Management Department, Mays Business School, Texas A & M University.2011.

[150] GRANOVETTER M. Economic action and social structure: The problem of embeddedness [J]. American Journal of Sociology, 1985, 91 (3): 481-550.

[151] GREENWALD A G, MCGHEE D E, SCHWARTZ J L. Measuring individual differences in implicit cognition: The implicit association test [J]. Journal of Personality and Social Psychology, 1998, 74 (6): 1464-1480.

[152] GRICHNIK D, SMEJA A, WELPE I.The Importance of being emotional: How do emotions affect entrepreneurial opportunity evaluation and exploitation? [J]. Journal of Economic Behavior and Organization, 2011, 80 (3): 680.

[153] GROVES K, VANCE C, CHOI D.Examining entrepreneurial cognition: An occupational analysis of balanced linear and nonlinear thinking and entrepreneurship success [J]. Journal of Small Business Management, 2011, 49 (3): 438-466.

[154] GUNDRY L K, WELSCH H P.The ambitious entrepreneur: High growth strategies of women - owned enterprises [J]. Journal of Business Venturing, 2001 (16): 453-470.

[155] HABBERSHON T, PISTRUI J. Enterprising families domain: Family - influenced ownership groups in pursuit of trans-generational wealth [J]. Family Business Review, 2002, 15 (3): 223-237.

[156] HABBERSHON T, WILLIAMS M, MACMILLAN I. A unified systems perspective of family firm performance [J]. Journal of Business Venturing, 2003 (18): 451-465.

[157] HABBERSHON T.Innovation in dominant regional family firms: A model for assessing the familiness factor [C]. Presented at the Family Business Network Research Conference, Brussels, Belgium, September, 2005.

[158] HABBERSHON T G, WILLIAMS M L, KAYE K. A resource - based framework for assessing the strategic advantages of family firms [J]. Family Business Review, 2010, 12 (1): 1-25.

[159] HAHN V C, FRESE M, BINNEWIES C, et al.Happy and proactive? The role of hedonic and eudaimonic well-being in business owners' personal initiative [J]. Entrepreneurship Theory and Practice, 2012 (1): 97-114.

[160] HALL A, MELIN L, NORDQVIST M.Entrepreneurship as radical change in family business: Exploring the role of cultural patterns [J]. Family Business Review, 2001, 14 (3): 193-208.

[161] HANDLEY I M, LASSITER G D. Mood and information processing:

When happy and sad look the same [J]. Motivation and Emotion, 2002, 26 (3): 223-255.

[162] HASLAM S A, PLATOW M J. The link between leadership and followership: How affirming social identity translates vision into action [J]. Personality and Social Psychology Bulletin, 2001, 27 (11): 1469-1479.

[163] HATFIELD E, CACIOPPO J T, RAPSON R L.Emotional contagion [M]. New York: Cambridge University Press, 1994.

[164] HATFIELD E, RAPSON R L, LE Y L. Primitive emotional contagion: Recent research [M] // DECETY J, ICKES W.The social neuroscience of empathy.Boston, MA: MIT Press, 2004.

[165] HATFIELD E, RAPSON R L.Emotional contagion: Religious and ethnic hatreds and global terrorism [M] // TIEDENS L Z, LEACH C W.The social life of emotions. Cambridge, UK: Cambridge University Press, 2004: 129-143.

[166] HAYNIE J M, SHEPHERD D A, MCMULLEN J S. An opportunity for me? The role of resources in opportunity evaluation decisions [J]. Journal of Management Studies, 2009, 46 (3): 337-361.

[167] HAYTON J C, CHOLAKOVA M.The role of affect in the creation and intentional pursuit of entrepreneurial ideas [J]. Entrepreneurship Theory and Practice, 2012, 36 (1): 41-67.

[168] HECHAVARRIA D M, RENKO M, MATTHEWS C H. The nascent entrepreneurship hub: Goals, entrepreneurial self-efficacy and start-up outcomes [J]. Small Business Economics, 2012, 39 (3): 685-701.

[169] HECK R K Z.A commentary on entrepreneurship in family VS.Non-family firms: A resource-based analysis of the effect of organizational culture [J]. Entrepreneurship Theory and Practice, 2004, 28 (4): 383-389.

[170] HMIELESKI K, BARON R.Entrepreneurs' optimism and new venture performance: A social cognitive perspective [J]. Academy of Management Journal, 2009 (52): 473-488.

[171] HO V T, POLLACK J M.Passion isn't always a good thing: Examining entrepreneurs' network centrality and financial performance with a dualistic model of passion [J]. Journal of Management Studies, 2014, 51 (3): 433-459.

[172] HO V T, WONG S, LEE C H.A tale of passion: Linking job passion and cognitive engagement to employee work performance [J]. Journal of

Management Studies, 2011, 48 (1): 26-47.

[173] HOANG H, GIMENO J.Becoming a founder: How founder role identity affects entrepreneurial transitions and persistence in founding [J]. Journal of Business Venturing, 2010 (25): 41-53.

[174] HOCHSCHILD R. The managed heart, commercialization of human feeling [M]. Berkeley: University of California Press, 1983.

[175] HOGAN N S, GREENFIELD D B, SCHMIDT L A. Development and validation of the Hogan grief reaction checklist [J]. Death Studies, 2001, 25 (1): 1-32.

[176] HOGG M A, TERRY D I.Social identity and self-categorization processes in organizational contexts [J]. Academy of Management Review, 2000, 25 (1): 121-140.

[177] HOLCOMB T R, IRELAND R D, HOLMES JR R M, et al.Architecture of entrepreneurial learning: Exploring the link among heuristics, knowledge, and action [J]. Entrepreneurship Theory and Practice, 2009, 33 (1): 167-192.

[178] HUBER G P.Organizational learning: The contributing processes and the literatures [J] .Organization Science, 1991, 2 (1): 88-115.

[179] HUY Q, ZOTT C. How Entrepreneurs regulate stakeholders' me motions to build new organizations [C]. Paper presented at the annual meeting of the Academy of Management, Philadelphia, 2007.

[180] ISEN A M.An influence of positive affect on decision making in complex situations: Theoretical issues with practical implications [J]. Journal of Consumer Psychology, 2001, 11 (2): 75-85.

[181] ISEN A M, Patrick R. The effect of positive feelings on risk taking: When the chips are down [J]. Organizational Behavior and Human Performance, 1983, 31 (2): 194-202.

[182] JACK S, ANDERSON A R. The Effects of embeddedness on the entrepreneurial process [J]. Journal of Business Venturing, 2002, 17 (5): 467-487.

[183] JASKIEWICZ P, COMBS J G, RAU S B. Entrepreneurial legacy: Toward a theory of how some family firms nurture trans-generational entrepreneurship [J]. Journal of Business Venturing, 2015, 30 (1): 29-49.

[184] JONES M V, COVIELLO N, TANG Y K.International entrepreneurship

research: A domain ontology and thematic analysis [J]. Journal of Business Venturing, 2011, 26 (6): 632-659.

[185] KAHNEMAN, D.Varieties of counterfactual thinking [M] // ROESE N J, OLSON J M. What might have been: The social psychology of counterfactual thinking. Mahwah, NJ: Erlbaum Associates, 1995: 375-395.

[186] KAHNEMAN D, MILLER D T. Norm theory: Comparing reality to its alternatives [J]. Psychology Review, 1986 (93): 136-153.

[187] KAHNEMAN D, LOVALLO D. Timid choices and bold forecasts: A cognitive perspective on risk taking [J]. Management Science, 1993, 39 (1): 17-31.

[188] KAHNEMAN D, TVERSKY A.The simulation heuristic [M]. New York: Cambridge University Press, 1982.

[189] KATILA R, AHUJA G.Something old, something new: A longitudinal study of search behavior and new product introduction [J]. Academy of Management Journal, 2002 (45): 1183-1194.

[190] KATZ J, GARTNER W B. Properties of emerging organizations [J]. Academy of Management Review, 1988 (13): 429-441.

[191] KELLERMANNS F W, EDDLESTON K A.Corporate entrepreneurship in family firms: A family perspective [J]. Entrepreneurship Theory and Practice, 2006 (30): 809-830.

[192] KIRZNER I M. Competition and entrepreneurship [M]. Chicago: University of Chicago Press, 1973: 90-93.

[193] KLEIN K J, HOUSE R J. Fire: Charismatic leadership and levels of analysis [J]. Leadership Quarterly, 1995, 6 (2): 183-198.

[194] KLEIN S B, ASTRACHAN J H, SMYRNIOS K X.The F-PEC scale of family influence construction, validation, and further implication for theory [J]. Entrepreneurship Theory and Practice, 2005, 29 (3): 321-339.

[195] KOLB D A.Experiential learning: Experience as the source of learning and development [M]. Englewood Cliffs, NJ: Prentice Hall, 1984.

[196] KRAIN A L, CASTELLANOS F X.Brain development and ADHD [J]. Clinical Psychology Review, 2006, 26 (4): 433-444.

[197] KRAY L J, GALINSKY A D, WONG E M.Thinking within the box: The relational processing style elicited by counterfactual mind-sets [J].

Journal of Personality and Social Psychology, 2006, 91 (1): 33-48.

[198] KRUEGER N F.The impact of prior entrepreneurial exposure on perceptions of new venture feasibility and desirability [J]. Entrepreneurship Theory and Practice, 1993, 18 (1): 5-21.

[199] KRUEGER N F. What lies beneath? The experiential essence of entrepreneurial thinking [J]. Entrepreneurship Theory and Practice, 2007, 31 (1): 123-138.

[200] KRUGER J, WIRTZ D, MILLER D T.Counterfactual thinking and the first instinct fallacy [J]. Journal of Personality and Social Psychology, 2005, 88 (5): 725-735.

[201] KUHNLENZ K, BUSS M.Towards an emotion core based on a hidden Markova model [J]. IEEE International Workshop on Robot and Human Interactive Communication, 2004: 119-124.

[202] LAMBRECHT J.Multigenerational transition in family businesses: A new explanatory model [J]. Family Business Review, 2005, 18 (4): 267-282.

[203] LANSBERG I.Succeeding generations: realizing the dreams of families in business [M]. Boston, MA: Harvard Business School Press, 1999.

[204] LARSEN R J, DIENER E. Promises and problems with the circumflex model of emotion [M] // CLARK M S.Review of personality and social psychology.Sage: Newbury Park, 1992.

[205] LATHAM G P, WINTERS D C, LOCKE E A.Cognitive and motivational effects of participation: A mediator study [J]. Journal of Organizational Behavior, 1994, 15 (1): 49-63.

[206] LEE K S, LIM G H, LIM W S.Family business succession: Appropriation risk and choice of successor [J]. Academy of Management Review, 2003, 28 (4): 657-666.

[207] LEITCH C, HILL F, NEERGAARD H. Entrepreneurial and business growth and the quest for a "comprehensive theory": Tilting at windmills? [J]. Entrepreneurship Theory and Practice, 2010, 34 (2): 249-260.

[208] LÉVESQUE M, MINNITI M, SHEPHERD D A.Entrepreneurs'decisions on timing of entry: Learning-by-doing and from the experiences of others [J]. Entrepreneurship Theory and Practice, 2009, 33 (2): 547-570.

[209] LEVITT B, MARCH J.Organizational learning [J]. Annual Review of Sociology, 1988 (14): 319-408.

[210] LI H, BINGHAM J B, UMPHRESS E E. Fairness from the top: Perceived procedural justice and collaborative problem solving in new product development [J]. Organization Science, 2007, 18 (2): 200-216.

[211] LICHTENSTEIN B B, CARTER N M, DOOLEY K J, et al. Complexity dynamics of nascent entrepreneurship [J]. Journal of Business Venturing, 2007, 22 (2): 236-261.

[212] LITZ R A, KLEYSEN R F.Your old men shall dream dreams, your young men shall see visions: Toward a theory of family firm innovation with help from the Brubeck family [J]. Family Business Review, 2001 (14): 335-351.

[213] LOCKE E A, LATHAM G.P.Work motivation and satisfaction: Light at the end of the tunnel [J]. Psychological Science, 1990, 1 (4): 240-246.

[214] LOUNSBURY M, GLYNN M A. Cultural entrepreneurship: Stories, legitimacy, and the acquisitions of resources [J]. Strategic Management Journal, 2001 (22): 545-564.

[215] LUTHANS F, AVOLIO B J, WALUMBWA F O, et al.The psychological capital of Chinese workers: Exploring the relationship with performance [J]. Management and Organization Review, 2005, 1 (2): 249-271.

[216] MA L F, SERRANO-BEDIA A M, PÉREZ-PÉREZ M.Entrepreneurship and family firm research: A bibliometric analysis of an emerging field [J]. Journal of Small Business Management, 2016, 54 (2): 622-639.

[217] MA H, TAN J.Key components and implications of entrepreneurship: A 4P framework [J]. Journal of Business Venturing, 2008, 21 (5): 704-725.

[218] MANO H, OLIVER R L.Assessing the dimensionality and structure of the consumption experience: Evaluation, feeling, and satisfaction [J]. Journal of Consumer Research, 1993, 20 (3): 451-66.

[219] MARKMAN G D, BALKIN D B, BARON R A.Inventors and new venture formation: The effects of general self-efficacy and regretful thinking [J]. Entrepreneurship Theory and Practice, 2002, 27 (2): 149-165.

[220] MARKMAN G D, BARON R A, BALKIN D B.Are perseverance and self-

efficacy costless? Assessing entrepreneurs' regretful thinking [J]. Journal of Organizational Behavior, 2005, 26 (1): 1-19.

[221] MARKMAN K D, GAVANSKI I, SHERMAN S J, et al. The mental simulation of better and worse possible worlds [J]. Journal of Experimental Social Psychology, 1993, 29 (1): 87-109.

[222] MARKMAN G D, PHAN P H, BALKIN D B, et al. Entrepreneurship and university - based technology transfer [J]. Journal of Business Venturing, 2005, 20 (2): 241-263.

[223] MARTIN L. Mood as input: A configural view of mood effect [M] // Theories of mood and cognition: a user's handbook. Mahwah, NJ: LEA, 2001: 135-157.

[224] MCGOWAN A G, DESJARLAIS A O. An investigation of common thermal bridges in walls [J]. Ashrae Transactions, 1997 (1).

[225] MCMULLEN J S, SHEPHERD D A. Entrepreneurial action and the role of uncertainty in the theory of the entrepreneur [J]. Academy of Management Review, 2006, 31 (1): 132-152.

[226] MILLER D, STEIER L, LE BRETON - MILLER I. Lost in time: Intergenerational succession, change and failure in family business [J]. Journal of Business Venturing, 2003, 18 (4): 513-531.

[227] MITCHELL R K, BUSENITZ L W, BIRD B, et al. The central question in entrepreneurial cognition research [J]. Entrepreneurship Theory and Practice, 2007, 31 (1): 1-27.

[228] MITCHELL R K, BUSENITZ L, LANT T, et al. Toward a theory of entrepreneurial cognition: Rethinking the people side of entrepreneurship research [J]. Entrepreneurship Theory and Practice, 2010, 27 (2): 93-104.

[229] MORCK R, YEUNG B. Family control and the rent-seeking society [J]. Entrepreneurship Theory and Practice, 2004, 28 (4): 391-409.

[230] MURNIEKS C. Who am I? The quest for an entrepreneurial identity and an investigation of its relationship to entrepreneurial passion and goal-setting [D]. Boulder: University of Colorado-Boulder, 2007.

[231] MURNIEKS C Y, MOSAKOWSKI E F, CARDON M S. Pathways of passion: Identity centrality, passion, and behavior among entrepreneurs [J]. Journal of Management, 2014, 40 (6): 1583-1606.

[232] MURNIEKS C, MOSAKOWSKI E. Entrepreneurial passion: An identity

theory perspective [C]. Atlanta, GA: Academy of Management, 2006.

[233] NAHAPIET J, GHOSHAL S.Social capital, intellectual capital, and the organizational advantage [J]. Academy of Management Review, 1998, 23 (2): 242-266.

[234] ORTON J D, WEICK K E.Toward a theory of the loosely coupled systems [D]. Michigan: University of Michigan, School of Business Administration, 1988.

[235] OZGEN E, BARON R A.Social sources of information in opportunity recognition: Effects of mentors, industry networks, and professional forums [J]. Journal of Business Venturing, 2007 (22): 174-192.

[236] PALICH L E, RAY BAGBY D. Using cognitive theory to explain entrepreneurial risk - taking: Challenging conventional wisdom [J]. Journal of Business Venturing, 1995, 10 (6): 425-438.

[237] PARK S H, LUO Y.Guanxi and organizational dynamics: Organizational networking in Chinese firms [J]. Strategic Management Journal, 2001, 22 (5): 455-477.

[238] PATZELT H, SHEPHERD D A.Negative emotions of an entrepreneurial career: Self-employment and regulatory coping behaviors [J]. Journal of Business Venturing, 2011, 26 (2): 226-238.

[239] PENROSE E T.The theory of growth of the firm [M]. Oxford: Basil Blackwell Publisher, 1995.

[240] PERTTULA K.The POW factor: Understanding and igniting passion for one's work [M]. Los Angeles, CA: University of Southern California Press, 2004.

[241] PISANO V, IRELAND O R, HITTD M A, et al. International entrepreneurship in emerging economies: The role of social capital, knowledge development and entrepreneurial actions [J]. International Journal of Technology Management, 2007, 38 (1-2): 11-28.

[242] PLATOW M J, HASLAM S A, Both A, et al. "It's not funny if they' re laughing": Self - categorization, social influence, and responses to canned laughter [J]. Journal of Experimental Social Psychology, 2005, 41 (5): 542-550.

[243] PODOYNITSYNA K, VAN DER BIJ H, SONG M.The role of mixed emotions in the risk perception of novice and serial entrepreneurs [J]. Entrepreneurship Theory and Practice, 2012, 36 (1): 115-140.

[244] PODSAKOFF P M, MACKENZIE S B, LEE J, et al. Common method biases in behavioral research: A critical review of the literature and recommended strategies [J]. Journal of Applied Psychology, 2003 (88): 879-904.

[245] PODSAKOFF P, ORGAN D. Self - reports in organizational research: Problems and prospects [J]. Journal of Management, 1986 (12): 531-544.

[246] POLLITIS D. The process of entrepreneurial learning: A conceptual framework [J]. Entrepreneurship Theory and Practice, 2005, 29 (4): 399-424.

[247] PYSZCZYNSKI T, GREENBERG J, SOLOMON S, et al. Why do people need self-esteem? A theoretical and empirical review [J]. Psychological Bulletin, 2004, 130 (3): 435.

[248] QUARTZ S R. Reason, emotion and decision-making: Risk and reward computation with feeling [J]. Trends in Cognitive Sciences, 2009, 13 (13): 209-224.

[249] RAE D, CARSWELL M. Using a life - story approach in researching entrepreneurial learning: The development of a conceptual model and its implications in the design of learning experiences [J]. Education and Training, 2000 (242): 220-227.

[250] RAFAEL A, SUTTON R I. Expression of emotion as part of the work role [J]. Academy of Management Review, 1987, 12 (1): 23-37.

[251] RAFETSEDER E, PERNER J. When the alternative would have been better: Counterfactual reasoning and the emergence of regret [J]. Cognition & Emotion, 2012, 26 (5): 800-819.

[252] RANDERSON K, BETTINELLI C, FAYOLLE A, et al. Family entrepreneurship as a field of research: Exploring its contours and contents [J]. Journal of Family Business Strategy, 2015, 6 (3): 143-154.

[253] RAVASI D, TURATI C. Exploring entrepreneurial learning: A comparative study of technology development projects [J]. Journal of Business Venturing, 2005, 20 (1): 137-164.

[254] READ S, SARASVATHY S D. Knowing what to do and doing what you know effectuation as a form of entrepreneurial expertise [J]. Journal of Private Equity, 2005, 9 (1): 45-62.

[255] RIPS L J, EDWARDS B J.Inference and explanation in counterfactual reasoning [J]. Cognitive science, 2013.

[256] ROESE N J.The functional basis of counterfactual thinking [J]. Journal of personality and Social Psychology, 1994, 66 (5): 805.

[257] ROESE N J.Counterfactual thinking [J]. Psychological Bulletin, 1997, 121 (1): 133.

[258] RONSTADT R.The corridor principle [J]. Journal of Business Venturing, 1988 (3): 31-40.

[259] SALAMÉ P, BADDELEY A. The effects of irrelevant speech on immediate free recall [J]. Bulletin of the Psychonomic Society, 1990 (28): 540-542.

[260] SALVATO C.Predictors of entrepreneurship in family firms [J]. Journal of Private Equity, 2004, 7 (3): 68-76.

[261] SAMUELSSON M, DAVIDSSON P.Does venture opportunity variation matter? Investigating systematic process differences between innovative and imitative new ventures [J]. Small Business Economics, 2009, 33 (2): 229-255.

[262] SARASON V, DEAN T, DILLARD J F.Entrepreneurship as the nexus of individual and opportunity: A structuration view [J]. Social Science Electronic Publishing, 2006, 21 (3): 286-305.

[263] SARASVATHY S D, DEW N.Without judgment: An empirically-based entrepreneurial theory of the firm [J]. The Review of Austrian Economics, 2013, 26 (3): 277-296.

[264] SARASVATHY S D. Causation and effectuation: Toward a theoretical shift from economic inevitability to entrepreneurial contingency [J]. Academy of Management Review, 2001, 26 (2): 243-263.

[265] SCHJOEDT L, SHAVER K G.Deciding on an entrepreneurial career: A test of the pull and push hypotheses using the panel study of entrepreneurial dynamics data [J]. Entrepreneurship Theory and Practice, 2007, 31 (5): 733-752.

[266] SCHWARZ N, CLORE G L.Mood as information: 20 years later [J]. Psychological Inquiry, 2003, 14 (14): 296-303.

[267] SEGERSTROM S C, NES L S.When goals conflict but people prosper: The case of dispositional optimism [J]. Journal of Research in Personality, 2006, 40 (5): 675-693.

[268] SEO M, BARRETT L F, BARTUNEK J M. The role of affective experience in work motivation [J]. Academy of Management Review, 2004, 29 (3), 423-439.

[269] SHANE S, KHURANA K. Career experience and firm founding [J]. Industrial and Corporate Change, 2003 (12): 519-544.

[270] SHANE S, LOCKE E A, COLLINS C J.Entrepreneurial motivation [J]. Human Resource Management Review, 2003 (13): 257-279.

[271] SHANE S, VENKATARAMAN S.The promise of entrepreneurship as a field of research [J]. Academy of Management Review, 2000, 25 (1): 217-226.

[272] SHARMA P.An overview of the field of family business studies: Current status and directions for the future [J]. Family Business Review, 2004, 17 (1): 1-36.

[273] SHEPHERD D A. Educating entrepreneurship students about emotion and learning from failure [J]. Academy of Management Learning & Education, 2004, 3 (3): 274-287.

[274] SHEPHERD D A. Learning from business failure: Propositions of grief recovery for the self-employed [J]. Academy of Management Review, 2003, 28 (2): 318-328.

[275] SHEPHERD D A, CARDON M S.Negative emotional reactions to project failure and the self - compassion to learn from the experience [J]. Journal of Management Studies, 2009, 46 (6): 923-949.

[276] SIEMSEN E, ROTH A, OLIVEIRA P.Common method bias in regression models with linear, quadratic, and interaction effects [J]. Organizational Research Methods, 2010, 13 (13): 456-476.

[277] SMILOR R W.Entrepreneurship: Reflections on a subversive activity [J]. Journal of Business Venturing, 1997 (12): 341-346.

[278] SMITH N R, MINER J B. Type of entrepreneur, type of firm, and managerial motivation: Implications for organizational life cycle theory [J]. Strategic Management Journal, 1983 (4) 325-340.

[279] SOUITARIS V, ZERBINATI S, AL-LAHAM A.Do entrepreneurship programs raise entrepreneurial intention of science and engineering students? The effect of learning, inspiration and resources [J]. Journal of Business Venturing, 2007 (22): 566-591.

[280] STEIER L. Next - generation entrepreneurs and succession: An

exploratory study of modes and means of managing social capital [J].
Family Business Review, 2001, 14 (3): 259-276.

[281] STEIER L.Variants of agency contracts in family-financed ventures as a
continuum of familial altruistic and market rationalities [J]. Journal of
Business Venturing, 2003, 18 (5): 597-618.

[282] STRAUB D.Validating instruments in MIS research [J]. MIS Quarterly,
1989, 13 (2): 147-169.

[283] STRYKER S.Symbolic interactionism: A social structural version [M].
Menlo Park: Benjamin Cummings, 1980.

[284] STRYKER S, BURKE P J.The past, present, and future of an identity
theory [J]. Social Psychology Quarterly, 2000, 63 (4): 284-297.

[285] SY T, COTE S, SAAVEDRA R.The contagious leader: Impact of the
leader's mood on the mood of group members, group affective tone,
and group processes [J]. Journal of Applied Psychology, 2005, 90 (2):
295-305.

[286] SZULANSKI G.Exploring internal stickiness: Impediments to the transfer
of best practice within the firm [J]. Strategic Management Journal,
1996 (17): 27-44.

[287] TIMMONS J A.New venture creation [M]. 5th edition.Irwin: McGraw-
Hill, 1999.

[288] TUGADE M M, FREDRICKSON B L, BARRETT L F. Psychological
resilience and positive emotional granularity: Examining the benefits of
positive emotions on coping and health [J]. Journal of Personality,
2004, 72 (6): 1161-1190.

[289] TUMASJAN A, BRAUN R.In the eye of the beholder: How regulatory
focus and self-efficacy interact in influencing opportunity recognition [J].
Journal of Business Venturing, 2012, 27 (6): 622-636.

[290] UCBASARAN D, WESTHEAD P, WRIGHT M.The focus of entrepreneurial
research: Contextual and process issues [J]. Entrepreneurship Theory
and Practice, 2001, 22 (4): 101-114.

[291] UCBASARAN D, WESTHEAD P, WRIGHT M, et al. The nature of
entrepreneurial experience, business failure and comparative optimism [J].
Journal of Business Venturing, 2010, 25 (6): 541-555.

[292] VALLERAND R J, MAGEAU G A, RATELLE C, et al.Les Passions de l'Ame:
On obsessive and harmonious passion [J]. Journal of Personality and

Social Psychology, 2003, 85 (4): 756-767.

[293] VAN GELDEREN M, KAUTONEN T, FINK M. From entrepreneurial intentions to actions: Self-control and action-related doubt, fear, and aversion [J]. Journal of Business Venturing, 2015, 30 (5): 655-673.

[294] WARD J L. Keeping the family business healthy: How to plan for continuous growth, profitability and family leadership [M]. San Francisco: Jossey Bass, 1987.

[295] WELPE I M, SPORRLE M, GRICHNIK D, et al. Emotions and opportunities: The interplay of opportunity evaluation, fear, joy, and anger as antecedent of entrepreneurial exploitation [J]. Entrepreneurship Theory and Practice, 2012, 36 (1): 69-96.

[296] WIKLUND J, SHEPHERD D.Knowledge-based resources, entrepreneurial orientation, and the performance of small and medium-sized businesses [J]. Strategic Management Journal, 2003 (24): 1307-1314.

[297] WINNEN C J.To be or not to be: The role of passion and obsession in the entrepreneurial process [D]. Unpublished doctoral dissertation, University of St, Thomas, St.Paul, 2005.

[298] WOOD M S, WILLIAMS D W. Opportunity evaluation as rule-based decision making [J]. Journal of Management Studies, 2013 (3).

[299] WRIGHT M, STIGLIANI I.Entrepreneurship and growth [J]. International Small Business Journal, 2013, 31 (1): 3-22.

[300] WRY T, LOUNSBURY M, GLYNN M A.Legitimating nascent collective identities: Coordinating cultural entrepreneurship [J]. Organization Science, 2011, 22 (2): 449-463.

[301] WUEBKER R J, KRUEGER N F, BELOUSOVA O, et al.In Search of the "entrepreneurial mindset": Insights from neuroscience [C]. Academy of Management Annual Meeting Proceedings, 2014 (1).

[302] XIN K R, PEARCE J L.Guanxi: Connections as substitutes for formal institutional support [J]. Academy of Management Journal, 1996, 39 (6): 1641-1658.

[303] YAMAKAWA Y, PENG M W, DEEDS D L. Rising from the ashes: Cognitive determinants of venture growth after entrepreneurial failure [J]. Entrepreneurship Theory Practice, 2015, 39 (2): 209-236.

[304] ZAHRA S A. International expansion of U. S. manufacturing family businesses: The effect of ownership and involvement [J]. Journal of

Business Venturing, 2003, 18（4）: 495-512.

[305] ZAHRA S A, BOGNER W C. Technology strategy and software new ventures' performance [J]. Journal of Business Venturing, 2000, 15（2）: 135-173.

[306] ZAHRA S A, HAYTON J C, SALVATO C.Entrepreneurship in family vs. non - family firms: a resource based analysis of the effect of organizational culture [J]. Entrepreneurship Theory and Practice, 2004, 28（4）: 363-381.

[307] ZHANG Y, LI H. Innovation search of new ventures in a technology cluster: The role of ties with service intermediaries [J]. Strategic Management Journal, 2010, 31（1）: 88-109.

[308] ZHAO H, SEIBERT S E, HILLS G E.The mediating role of self-efficacy in the development of entrepreneurial intentions [J]. Journal of Applied Psychology, 2005, 90（6）: 1265.

[309] ZHU Y X.The role of Qing (positive emotions) and li (1) (rationality) in Chinese entrepreneurial decision making: A Confucian Ren - Yi wisdom perspective [J]. Journal of Business Ethics, 2015, 126（4）: 613-630.

[310] ZIKMUND W G.Business research methods [M]. 7th edition.Mason, Ohio: Thompson Learning/South Western, 2002: 110-117.

索引

附录

家族跨代企业家创业激情与机会开发研究问卷

尊敬的先生/女士：

　　您好！衷心感谢您拨冗参与本次调查！本问卷针对我们的研究项目而设计，采用<u>匿名方式</u>，不涉及机密，课题组成员承诺为所有被访人信息保密；<u>仅用于学术研究</u>，与任何官方机构、商业机构和新闻媒体等均无任何利益关系，不对外公开，请您放心作答。我们郑重承诺所填信息将不会披露给任何企业或除您之外的任何人。任何填写者都可分享本研究的成果，且有机会与课题组家族企业研究者和创业学者交流，参与研讨活动。若您对此感兴趣，请留下邮箱_____谢谢！

　　注：本问卷中的"创业"为广义概念，包括开办公司、个体工商户、在家族生意中开展新业务等多种形式。

第一部分　基本信息

1.在您认同的选项上画"√"，并进行作答。

1-1　您的父母曾经或正在经营自己的生意，您也参与其中

（1）是；（2）否　若是，属于_____行业。

1-2　您的亲友曾经或正在经营自己的生意，您也参与其中

（1）是；（2）否　若是，属于_____行业。

2.个人信息。

2-1　您的性别：　　　　男□　　　　　　女□

2-2　您的年龄_____籍贯_____婚姻状况_____

2-3　您的学历是：□高中、职中、技校或中专　□大专

□本科　□研究生及以上

2-4　请问您是否是独生子女？　□是　　　□否

是否是长子？　　　　□是　　　□否

2-5　您是否具有创业的经历？_____（是/否），发生时间为____年，现在这个事业仍在继续？_____（是/否）。

2-6　您是否参加过与管理相关的培训？_____（是/否），时间长短为____个月。

2-7　您是否参加过与专业技术相关的培训？_____（是/否），时间长短为____个月。

2-8　您是否参加过学校或其他机构组织的创业教育或创业培训项目？_____（是/否），时间长短为____个月。

3.企业情况。

3-1　企业/新事业成立于_____年，所在地_____，固定资产_____万元，总资产_____万元，员工_____人。

3-2　所属行业是_____，在行业内属于（较大、中等、较小）规模。

第二部分　创业活动情况

4.请根据您同意的程度，在相应的数字上画"√"（或直接在题目后写上所选数字，请依照您方便的原则）。"1"表示"非常不同意"，"5"表示"非常同意"。

在创业过程中，您认为：	非常不同意……非常同意				
找到新方法来满足那些有商业价值的市场需求是令我兴奋的	1	2	3	4	5
我很享受为提供的产品或服务寻找新点子的过程	1	2	3	4	5
我一直致力于让现有的产品或服务变得更好	1	2	3	4	5
通过观察环境来发现新的创业机会使我感到兴奋	1	2	3	4	5
探索解决问题的新方案是成就自我的一种方式	1	2	3	4	5
创办一家新公司让我感觉很兴奋	1	2	3	4	5
拥有我自己的公司让我干劲儿十足	1	2	3	4	5
培育一种新业务并且浮现出成功的迹象，这让我很享受	1	2	3	4	5
成为创业者是成就自我的一种重要方式	1	2	3	4	5
我很喜欢为我的产品或服务寻找合适的客户	1	2	3	4	5
找到合适的人来为我的企业工作是令人兴奋的	1	2	3	4	5
"让员工和我为公司变得更好而努力"这一信念激励着我	1	2	3	4	5
培育和推动公司成长是成就自我的一种重要方式	1	2	3	4	5

5.请您结合在创业过程中的实际情况，按照1~5不同程度进行评分（评分规则与上一题相同）

项目	非常不同意……非常同意				
开辟新的市场	1	2	3	4	5
提供全新性能的产品和服务	1	2	3	4	5
追求较高风险、较高收益的项目	1	2	3	4	5
提供现有的产品或服务	1	2	3	4	5
从事现有市场业务	1	2	3	4	5
追求较低风险、较低收益的项目	1	2	3	4	5

第三部分　思维认知情况

6.在生活中，迟到时，人们常常会思考"如果早点动身就不会迟到了"；外出没带伞被淋成落汤鸡时，人们会寻思"要是带雨伞就不会挨淋了"。同样，在创业的过程中也会出现类似的反向思考的情况。现在，请您回想在创业过程中让您感到最为遗憾的三件事，并对这些事件做出1~5分不同程度的评价。

事件具体内容为（可自愿填写）：

事件1：_____ 事件2：_____ 事件3：_____

CH1	从不……一直				
每当我想起事件1时，我经常会有"当时要不这样做，换一种做法就好了"（类似上述反向思考情况）的感慨	1	2	3	4	5
CH2	非常不符合…非常符合				
每当我想起事件1时，我都会有很深的感受/感触	1	2	3	4	5
CH3	很少……很多				
每当我想起事件1时，我会感到很不愉快	1	2	3	4	5
CH4	从不……一直				
每当我想起事件2时，我经常会有"当时要不这样做，换一种做法就好了"（类似上述反向思考情况）的感慨	1	2	3	4	5
CH5	非常不符合……非常符合				
每当我想起事件2时，我都会有很深的感受/感触	1	2	3	4	5
CH6	很少……很多				
每当我想起事件2时，我会感到很不愉快	1	2	3	4	5
CH7	从不……一直				
每当我想起事件3时，我经常会有"当时要不这样做，换一种做法就好了"（类似上述反向思考情况）的感慨	1	2	3	4	5
CH8	非常不符合……非常符合				
每当我想起事件3时，我都会有很深的感受/感触	1	2	3	4	5
CH9	很少……很多				
每当我想起事件3时，我会感到很不愉快	1	2	3	4	5

7.针对家族创业和创业学习等问题，您还有何看法与疑问？

_____

_____

_____

_____

再次感谢您的积极配合！